T0169720

DERNIERS TITRES PARUS

QU'EST-CE QU'UN MONDE ?

CHEMINS PHILOSOPHIQUES

Collection dirigée par Magali BESSONE et Roger POUIVET

Julien RABACHOU

QU'EST-CE QU'UN MONDE ?

LIBRAIRIE PHILOSOPHIQUE J. VRIN

6 place de la Sorbonne,

PARIS V e

N. Goodman, *Manières de faire des mondes*, trad. M.-D. Popelard,
© Paris, Jacqueline Chambon, 1992, p. 29-31.

© *Librairie Philosophique J. VRIN*, 2016
Imprimé en France
ISSN 1762-7184
ISBN 978-2-7116-2704-2
www.vrin.fr

QU'EST-CE QU'UN MONDE ?

LA NOTION DE « MONDE » :
UN PROBLÈME DE DÉFINITION

La question « Qu'est-ce qu'un monde ? » peut être comprise en deux sens, c'est-à-dire appeler deux sortes de réponses satisfaisantes[1]. D'une part, elle porte sur notre usage de la notion de « monde », ce qui doit nous conduire à déterminer la variété des entités désignées par ce terme, son *extension*, puis à chercher ce qui justifie conceptuellement cette extension, c'est-à-dire la définition de la notion. Or puisque nous parlons, entre autres exemples, de « monde ouvrier », de « monde de la nuit », de « monde végétal » ou de « monde de Balzac », nous sommes d'emblée confrontés à une variété de désignations, donc une variété de mondes ; puisque d'autre part notre concept de « monde » tire tout autant son origine du « *cosmos* » grec que du « *mundus* » latin, et qu'il a inspiré des qualificatifs aussi divers que « cosmique », « cosmétique », « mondain » ou encore « immonde », nous sommes également confrontés à une évolution historique de sa définition et de ses acceptions. La question invite alors à une enquête d'histoire des idées

---

1. Je remercie vivement Roger Pouivet pour sa relecture ainsi que pour ses remarques et suggestions.

mais court le risque de déboucher, d'un point de vue philosophique, sur un pur et simple relativisme d'usage, peu fructueux pour la pensée. D'autre part, la question « Qu'est-ce qu'un monde ? » appelle à déterminer *ce qu'est réellement* un monde, ce qui suppose que *des* mondes existent dans le réel, qu'on peut les identifier et les décrire adéquatement. Il s'agit, dans cette perspective, de mener une enquête de métaphysique, plus précisément d'ontologie, *sur ce qu'il y a*.

Cette dernière enquête est cependant périlleuse, car nous disposons seulement, pour parler du réel, de nos propres concepts, dont nous ne pouvons évidemment sortir pour en examiner la pertinence ; or, comme le soupçonne Quine, non seulement « nous déconstruisons opiniâtrement la réalité en une multitude d'objets identifiables et discernables », par exemple en plusieurs « mondes », mais encore nous n'avons pas les moyens de déconstruire autrement, parce que nous plaquons sur n'importe quelle information empirique « notre patron objectifiant », qui risque bien d'être relatif et « provincial »[1]. Bref, pour prendre la mesure d'un tel relativisme, nous devons au moins comprendre que nos définitions, et les découpages qu'elles entraînent, ne reflètent peut-être rien d'effectif dans ce qu'il y a, et subissent en outre des variations que nous devons déterminer, ce qui nous ramène à l'enquête précédente. Dans le cas particulier du concept de « monde », la détermination de « notre patron objectifiant » est d'ailleurs singulièrement brouillée par la question de *la pluralité des mondes* : le concept de « monde » signifie-

---

1. W. V. O. Quine, *Relativité de l'ontologie et autres essais*, « Parler d'objets », Paris, Aubier, 2008, p. 13.

t-il « *la totalité de ce qui existe,* sans possibilité que quoi que ce soit échappe à cette totalité », ou réfère-t-il à des totalités, certes englobantes, mais locales, et donc multiples, qui méritent à plusieurs le nom de « mondes » ?

Avant de s'autoriser tout saut depuis notre appareil conceptuel jusqu'au réel concret, un bref recensement des représentations les plus ordinaires du monde, envisagées dans leur épaisseur historique, s'impose donc. Ce préalable, sans pouvoir bien sûr trancher la question de savoir *si plusieurs mondes peuvent coexister,* nous montre déjà que plusieurs représentations du monde cohabitent effectivement. Il relève davantage de l'histoire des idées que de la réflexion conceptuelle, mais n'en a pas moins son intérêt philosophique, au sens où toute question vraiment philosophique suscite un *étonnement actuel.* En effet, si l'objet de pensée « monde » nous intéresse ici, ce n'est pas seulement parce qu'il existe une tradition historique de spéculation en « cosmologie », mais surtout parce que notre approche contemporaine du monde, qui participe à la constitution de notre rapport général au réel, paraît envisager l'unité englobante des mondes sur le mode d'une certaine inquiétude, et mérite à ce titre d'être éclaircie.

L'anthropologue Louis Dumont a tenté de retracer la genèse de notre rapport d'individus modernes au « monde », le terme désignant d'abord dans ce cas le « monde social »[1]. Nos sociétés modernes sont en effet paradoxales, car individualistes et non holistes,

1. L. Dumont, *Essais sur l'individualisme, Une perspective anthropologique sur l'idéologie moderne,* « Genèse, *1,* De l'individu-hors-du-monde à l'individu-dans-le-monde », Paris, Seuil, 1991, p. 35-81.

ce qui signifie que leur idéologie commune valorise les individus plutôt que la société elle-même ; Dumont explique cette contradiction par une lente transformation historique : là où, dans les anciennes sociétés de l'Inde ou de la Méditerranée, de rares individus, renonçants ou anachorètes, choisissaient de développer leur spiritualité « hors du monde », en vivant dans la solitude plutôt que dans la société, nous avons, en tant qu'« individus-dans-le-monde », réintégré la société et accepté de vivre en elle, tout en devenant tous, au fond de nous, « étrangers » à elle. Dans les sociétés individualistes donc, le monde social n'intègre plus complètement les individus, ils évoluent certes au sein du monde et y trouvent leur place, mais tout en valorisant leur indépendance par rapport à lui. À tel point que chaque individualité, dotée d'une intériorité, de sa subjectivité et de ses valeurs, semble se constituer en retour *comme un monde à part entière*, autonome et concurrent du *grand monde extérieur*.

Pourtant, dans la mesure où nous convoquons l'idée de « monde » pour nous représenter des *unités totalisantes* d'ordres bien différents, nos représentations teintées d'individualisme opposent-elles systématiquement le mondain aux individus ? L'opposition est certes patente lorsque « le monde » s'identifie au réel social ; la société ainsi conçue est le lieu des aspirations, des revendications tout autant que des déceptions individuelles, comme en témoignent les romans d'apprentissage du XIXᵉ siècle ; les jeunes héros pleins d'illusions cherchent à changer le monde ou à le conquérir, ont parfois pour seule ambition de se complaire en « mondanités » et de fréquenter le « grand monde », cette petite société close à l'intérieur de la grande et qui tente d'en constituer le noyau et le modèle, mais finissent le plus souvent, comme le souligne ironiquement Hegel[1], par rentrer bourgeoisement dans le rang et accepter leur place dans l'ordre social existant. Le monde ne s'identifie d'ailleurs pas au « social » au sens où chaque société formerait monde, si bien qu'il y aurait pluralité des mondes sociaux et que l'on voyagerait géographiquement et chronologiquement d'un monde à l'autre ; « le monde » désigne plus précisément ici le social en tant que tel, non pas individualisé mais *singulier*, *englobant*, similaire pour l'ermite renonçant à son désert et rentrant dans le monde comme pour le New-Yorkais mondain découvrant la vie londonienne et accédant à une partie du monde dont les règles lui échappaient jusque-là.

Et si le Nouveau Monde a pu être conçu comme différent de l'Ancien, c'est seulement au temps de sa découverte, lorsque l'Amérique est apparue autarcique à ses conquérants, culturellement décalée, isolée du reste de l'humanité, et avant que cessent les surprises et émerveillements de son exploration. Puis le monde s'est progressivement unifié à l'échelle planétaire, les cartes n'ont plus mentionné aucune *terra incognita*, l'évolution des transports a mis n'importe quel lieu du globe à une journée de voyage de tout autre. Cette évolution historique, qui court des Grandes découvertes jusqu'à l'essor contemporain des transports aériens et des réseaux de communication, et place l'humanité tout entière dans un espace planétaire ouvert et dévoilé, a pu à bon droit être nommée « *mondialisation* ». Elle influe évidemment sur notre représentation actuelle du monde comme « séjour des hommes », non que les idées de « cosmopolitisme » ou d'« oïkoumène » soient

---

1. G. W. F. Hegel, *Cours d'esthétique, II*, trad. fr. J.-P. Lefebvre et V. von Schenck, Paris, Aubier, 1996, p. 207-208.

nouvelles[1], mais parce que cette unification concrète du monde planétaire s'accompagne souvent, chez nos contemporains, d'un sentiment d'inquiétude et de nostalgie face à l'uniformisation des idées, des modes, des sociétés, des cultures. Nous touchons ici à une seconde grande représentation du monde, davantage commune encore que la première, mais tout aussi déterminée anthropologiquement[2] : « le monde » désigne alors notre planète, dans la mesure où nous, hommes, y vivons et y agissons, et il se représente sur des mappemondes qui font figurer le géologique comme l'humain, les traits physiques des continents comme les toponymes, les villes et les frontières étatiques.

Il convient d'ajouter une troisième grande compréhension du terme « monde », qui l'assimile cette fois à *l'Univers*. Étymologiquement et lexicalement, cette compréhension est d'ailleurs la première[3], même si l'anthropologisation progressive du concept[4] fait qu'elle demeure seulement privilégiée pour les rêveurs contemplant le ciel étoilé et s'interrogeant sur le sens de l'existence, pour les esprits férus d'astronomie et de physique théorique, ou pour les métaphysiciens. Cette acception de l'idée de « monde » n'est là encore pas exempt de détermination historique : comme on le sait

1. Voir R. Brague, *La Sagesse du monde, Histoire de l'expérience humaine de l'Univers*, Paris, Fayard, 1999, p. 322. On pourra se référer aussi au livre d'A. Mattelart, *Histoire de l'utopie planétaire, De la cité prophétique à la société globale*, Paris, La Découverte, 1999.

2. R. Brague, *La Sagesse du monde, op. cit.*, p. 16.

3. En témoignent tout autant le *Robert* que le *Trésor de la Langue française*.

4. Il en va sur ce point du concept de « monde » comme des concepts d'« individu » ou d'« action ».

couramment [1], le monde a été en gros conçu par la pensée antique et médiévale occidentale comme un « *cosmos* » ordonné, géocentré, avant que la crise moderne de la conscience européenne ne remplace cette représentation par celle d'un univers indéfini, immense et décentré [2]. Et là encore, nous, individus modernes, envisageons une telle représentation avec hostilité ; nous nous sentons perdus, et comme le montre Pascal, pris de vertige devant cette « sphère infinie dont le centre est partout, la circonférence nulle part » ; en nous égarant à tenter d'imaginer l'immensité du monde, nous nous trouvons en retour anéantis [3]. Et que nous nous laissions ou non convaincre par l'apologétique pascalienne, nous faisons de la sorte une expérience existentielle d'interrogation angoissée sur notre présence dans *ce monde* auquel nous ne pouvons pourtant échapper durant notre vie consciente.

Bref, apparaît ici un point commun aux trois représentations ordinaires du monde ainsi énumérées : que « le monde » s'identifie à la société dans laquelle nous cherchons à trouver notre place, à l'espace ouvert qui menace notre coin de planète, ou à l'univers sans bornes qui nous interroge sur le sens de notre infime présence, il suscite, pour le sujet humain qui l'aborde en pensée, un désarroi, un sentiment d'égarement ou d'angoisse. La *singularité englobante* attachée au monde dans ces trois représentations apparaît menaçante à

---

1. Le titre même du célèbre livre d'A. Koyré, *Du Monde clos à l'univers infini*, Paris, Gallimard, 1973, laisse entendre de manière frappante l'ampleur de cette rupture intellectuelle.

2. *Ibid.*, Avant-propos, p. 9-10.

3. Pascal, *Pensées*, fragment 199 (Lafuma).

l'individualité même des hommes qui s'y confrontent; ces mondes représentés sont face à nous, nous incluent, et nous avalent. Un tel désarroi est sans doute proprement *moderne*, il s'oppose entre autres à l'intuition stoïcienne d'une rationalité mondaine à laquelle nous devons nous soumettre et accorder notre existence.

Comment doit-on juger, philosophiquement cette fois, ces représentations du monde rendues contingentes et instables par l'évolution des idées? Rappelons d'abord que la pluralité des représentations du monde, dans différents domaines du réel, n'implique pas à elle seule *qu'il y a* quelque part *des mondes coexistants*. Cette pluralité devrait cependant nous conduire à considérer le concept de « monde » comme un concept générique sous lequel on peut subsumer un nombre indéfini d'individus de différentes espèces mondaines, de la même manière que sous le concept d'« animal » on peut subsumer un nombre indéfini de chiens ou d'hommes. Or nous avons d'emblée l'intuition logique que chacun de ces mondes représentés se trouve porteur d'une prétention à être « *le* monde » unique et exclusif de son domaine de représentation; « le monde social », « la Terre », « l'Univers » apparaissent comme des singuliers, c'est-à-dire comme des cas uniques de leur espèce, comme si sous le concept d'« animal » ne pouvait se subsumer que « *le* chien », animal canin unique et exclusif, ou « *l'*homme », animal rationnel unique et exclusif. Évidemment, il serait tout à fait possible d'objecter à une telle intuition, d'une part qu'elle est vague et liée à un simple sentiment sur l'usage du terme « monde », d'autre part qu'elle vaut, dans une grande quantité de cas, pour n'importe quelle *description définie* : il existe une pluralité de sociétés, mais une seule « société londonienne » si bien que nous pouvons parler de « *la* société londonienne », il existe de nombreux chiens, mais un seul répond à la description « *le* premier chien né en mer »[1] ; et de même on peut supposer qu'il existe de nombreux « mondes » mais un seul « monde de Balzac » ou un seul « monde végétal ». Le rôle des descriptions définies est en effet de constituer des sous-espèces individualisantes, c'est-à-dire, en faisant coïncider l'individu avec une espèce logique, de permettre de l'identifier et d'en dire l'individualité.

Cependant, cette objection n'apparaît pas pertinente ici : on serait tenté de lui répondre que le concept de « monde » est porteur d'une prétention à l'exclusivité, pas seulement lorsqu'il entre dans des descriptions définies, mais bien à travers tous ses usages. Dans l'idée de « monde » en effet se trouve impliquée l'idée de « tout », et plus précisément de « *tout totalisant* » ; de ce fait, c'est un exemple rare de concept pour lequel la compréhension du réel qu'il désigne semble autant déterminée par sa seule définition, avec le soupçon, par conséquent, qu'il ne correspond à aucun découpage du réel. Il ne s'agit en tout cas pas d'un concept ordinaire de genre ou d'espèce, qui renverrait à une nature commune identifiable, mais plutôt d'un « concept singulier »[2] qui suppose, à chaque fois qu'on l'applique, de définir une entité unique totalisant le réel du domaine considéré, voire totalisant, dans l'acception première du terme, le réel entier. Tel est d'ailleurs bien l'usage métaphysique du concept de « monde », que Kant définit dans

1. Selon l'exemple de Strawson, *Les Individus, Essai de métaphysique descriptive*, Paris, Seuil, 1973, p. 28.
2. Comme le dit S. Chauvier dans son article « L'unique en son genre », *Philosophie* 106, p. 3-22.

« l'Antinomie de la Raison pure » comme « l'absolue totalité de l'ensemble global des choses existantes »[1].

Pour saisir à quelle sorte d'*unicité* prétend le concept de « monde », on peut le comparer à d'autres concepts singuliers, tels que ceux de « soleil » ou de « Dieu ». Le concept de « soleil » est en effet singulier, à condition de considérer le Soleil comme l'astre propre à la Terre, et non comme un astre parmi d'autres ; cependant, il n'est pas contradictoire d'imaginer que la Terre tourne autour de deux astres, et que le Soleil appartienne à un système binaire d'étoiles en orbite mutuelles comme il en existe d'autres dans l'Univers[2], de même qu'il n'est pas contradictoire d'imaginer que la Terre ait plusieurs satellites ou que les conditions astronomiques de notre existence soient différentes ; notre Soleil est ainsi unique de manière contingente et rendue seulement nécessaire par l'inéluctabilité du passé. Le concept de « Dieu » est quant à lui singulier à un autre titre : des sociétés ont bien sûr dans l'histoire admis une pluralité de dieux, sans que cela ne s'avère contradictoire ; mais le fidèle d'une religion monothéiste qui conçoit Dieu comme souverain et indépendant par excellence, donc comme *simple*, ne peut concevoir sans contradiction que Dieu n'est pas unique[3]. De la même manière que le concept de « Dieu » dans son usage monothéiste, le concept de « monde » implique nécessairement l'unicité du tout concret visé ; ce n'est en effet pas un hasard si le monde végétal inclut

1. E. Kant, *Critique de la raison pure*, « Antinomie de la raison pure », Paris, Garnier-Flammarion, 2001, p. 425.
2. Certains astronomes ont proposé des hypothèses plus ou moins crédibles allant en ce sens.
3. Thomas d'Aquin fonde sa première preuve que « Dieu est un » sur la simplicité divine (*Somme théologique*, I, q. 11).

toute la végétation ; mais cela signifie-t-il pour autant que l'idée de « pluralité des mondes » soit contradictoire ? Doit-on renoncer à se demander « ce qu'est *un* monde », parce que la question serait dépourvue de sens, et s'interroger seulement sur « ce qu'est *le* monde » ?

Lorsqu'on dit qu'un monde « totalise » l'ensemble des éléments du domaine du réel dont il est le monde, cela signifie d'une part qu'un monde est un « tout », c'est-à-dire une somme d'éléments rassemblés par le fait d'être soumis à un certain ordre, et d'autre part qu'un monde est un « tout totalisant », c'est-à-dire qu'aucun élément du domaine de réel en question ne peut échapper à son ordre, qui est dès lors *universel*. La *Comédie humaine* devient ainsi véritablement « monde » à partir du moment où Balzac décide de relier ses différents romans les uns aux autres, en faisant réapparaître les personnages et en les intégrant à une trame unique à laquelle les histoires se relient ; l'Univers mérite en ce sens le nom de « monde », si aucun autre univers n'est concevable en dehors de lui. Cependant, il convient de distinguer plusieurs sortes de « touts » : un « tout » peut être, par ordre croissant d'ordonnancement, un simple « ensemble » regroupant arbitrairement des éléments qu'on a choisi de rassembler dans l'abstrait [1], une « collection » d'éléments indépendants concrets mais abstraitement classés, une « organisation » soumettant les éléments qui en sont les parties à un ordre concret imposé par le tout, et enfin un « organisme » dans lequel les parties sont dépendantes vis-à-vis du tout, mais aussi dépendantes les unes envers

---

1. C'est ainsi que N. Goodman développe une logique des touts et des parties qui ne préétablit aucune règle à la constitution des touts, cf. *La Structure de l'apparence*, trad. fr. J.-B. Rauzy *et al.*, Paris, Vrin, 2004.

les autres. Selon cette gradation, un tout que nous concevons comme « monde » apparaît d'abord comme une *totalité ordonnée* dont les éléments se trouvent soumis aux mêmes lois : l'Univers rassemble ainsi les êtres matériels, issus d'une dilatation initiale et soumis aux lois physiques. Bien sûr, toutes les organisations, si on les définit ainsi, n'apparaissent pas comme des mondes, c'est le cas notamment des institutions humaines, des sociétés, des entreprises, des associations. Il reste donc à déterminer quelle sorte d'ordre fait qu'un tout ordonné se constitue en monde. En tout cas, nous n'exigeons pas, pour considérer qu'il y a « monde », que les parties soient au service du tout, contrairement aux *totalités organiques* : les êtres matériels qui constituent l'Univers ne sont pas forcément en interaction. Or là où nous dotons nécessairement un organisme, parce que ses organes interagissent, d'une forme structurelle et de limites, nous concevons à l'inverse qu'une totalité concrètement ordonnée puisse se déployer sans que des limites ne soient fixées à son universalité, dans la mesure où ses parties ne dépendent pas les unes des autres. Cette différence conceptuelle suffit à expliquer que nous nous représentions intuitivement les organismes comme une pluralité de totalités closes qui coexistent, la vie comme un « obus » qui a éclaté en fragments éparpillés [1], et que nous nous représentions à l'inverse une totalité ordonnée telle que l'Univers comme dépourvue de limites, donc comme exclusive.

L'unicité impliquée par l'idée de « monde » découle-t-elle dès lors de ce simple écart dans nos

---

1. Selon l'image de Bergson au tout début du deuxième chapitre de *L'Évolution créatrice*, Paris, P.U.F., 2007, p. 99.

représentations, ou bien d'une véritable nécessité? Nous
ne pourrons trancher l'alternative qu'en passant de la
logique à l'ontologie, c'est-à-dire en fondant notre analyse conceptuelle sur le réel tel qu'il se présente à nous.
Une telle tentative ne peut cependant avoir de sens qu'à
condition d'admettre, comme postulat méthodologique,
qu'une analyse conceptuelle n'est pas seulement un
éclaircissement sur nos manières relatives de penser ou
parler, mais qu'*elle permet aussi de saisir ce qu'il y a,
le réel*. Nous soutenons donc que nos concepts viennent,
en quelque sorte, toucher le réel, que nos modes de
penser permettent de détecter les modes d'être [1], et que
le rôle de la métaphysique est principalement d'assurer
cette articulation entre la logique et l'ontologie. Par
conséquent, chercher à définir le concept de « monde »,
au-delà de la seule variété de nos usages linguistiques,
c'est également reconnaître que ce concept dénote *une* ou
des réalités, et c'est apprendre quelque chose *du* ou *des*
mondes dénotés par lui.

Une fois établie, la définition métaphysique du
concept de « monde », qui nous dit « ce que c'est qu'*un*
ou *le* monde réel », peut servir en retour, ou bien de
paradigme pour les autres usages du concept, par exemple
dans les sciences, ou bien de critère pour déterminer si
certains de ces usages sont analogiques, métaphoriques,
voire abusifs ou fautifs. Ainsi se pose la question de
savoir si tous les emplois du concept de « monde » sont
légitimes, ou s'il existe un degré privilégié de réalité
qui se constituerait authentiquement en « monde ».

1. S. Chauvier, dans « L'unique en son genre », compare notre
appareil conceptuel à un thermomètre mesurant la réalité, à un
« détecteur de mode d'être », art. cit., p. 6.

L'application plurielle du concept de « monde » à l'humain, au vivant, aux classes sociales, aux univers imaginaires est-elle seulement analogique ou se justifie-t-elle par la variété réelle des mondes ? Et s'il s'avère qu'il n'y a monde qu'à un seul degré du réel, celui du réel pris dans sa totalité, faut-il renoncer, comme à une erreur, à l'idée de « pluralité des mondes » ? L'enquête métaphysique peut ainsi nous conduire à trois conclusions différentes : *ou bien* il apparaît que la prétention logique du concept de « monde » à ce qu'il y ait un seul monde est rendue nécessaire par la réalité elle-même, et dans ce cas les usages du concept qui admettent la pluralité – dans les sciences humaines, en biologie, en littérature, etc. – ne sont que dérivés, secondaires, métaphoriques ; *ou bien*, à l'inverse, la prétention logique à l'exclusivité du monde n'est pas justifiée, dans la mesure où il existe dans différents domaines du réel des totalités ordonnées concrètes qui sont des mondes, ce qui explique alors la diversité des usages du terme « monde » ; *ou bien* enfin il n'existe qu'un seul monde, notre monde, comme totalité de tout ce qui existe, sans pour autant que cette totalisation ne parvienne à se constituer en *unité complète* et n'empêche d'autres totalités, d'autres mondes qu'elle contient, de venir s'articuler à elle, la concurrencer, ou du moins en contester l'exclusivité, voire l'unité : pensons ici aux subjectivités humaines face au monde extérieur, aux mondes possibles et au monde actuel, aux mondes physiques qui pourraient exister parallèlement au nôtre, aux mondes construits concurrençant le monde objectif. Si cette dernière conclusion est la bonne, la contradiction déroutante qui traverse le concept de « monde », entre l'unicité nécessaire impliquée par le concept et la possibilité de sa prédication multiple, peut se justifier.

Le travail d'investigation que nous devons mener dans le reste de cet ouvrage consiste ainsi à identifier *au moins un* monde concret, c'est-à-dire un tout structurellement unifié par un ordre, parmi les entités que nous considérons ordinairement comme des « mondes ». L'enjeu est alors de mesurer la possibilité que ce monde concret soit exclusif et donc *le seul* monde. Néanmoins, pour prendre au sérieux la notion de « monde », nous ne devons pas abandonner si vite l'hypothèse que les mondes sociaux ou imaginaires ne sont pas des mondes seulement par métaphore, mais sont d'authentiques mondes, et qu'il y a donc pluralité des mondes. Il n'est en effet pas contradictoire de concevoir que plusieurs touts ordonnés puissent coexister ; mais dans ce cas, comment considérer « notre monde », celui qui semble inclure tous les autres, et comment juger notre expérience existentielle que « nous sommes venus au monde » ?

LA QUESTION MÉTAPHYSIQUE DE L'UNITÉ DU MONDE

Si nous cherchons à mettre à l'épreuve l'hypothèse de l'unicité du monde, nous pouvons commencer notre enquête par le monde qui paraît le plus exclusif de tous, « notre monde », celui auquel nous ne saurions échapper, sauf à ne plus être vivants. « Le monde », pris en ce sens, regroupe la totalité des êtres, il est exclusif de tout autre monde par définition puisque n'importe quel être s'y trouve inclus ; et à supposer qu'il existe un autre monde, cet autre monde *est*, rassemble des êtres, donc logiquement s'inclut lui aussi dans « le monde » comme « totalité de l'être ». Mais quelle est la valeur de la totalisation ainsi produite ? S'agit-il d'une pure abstraction répondant aux besoins de notre conceptualisation, ou d'une totalité concrètement ordonnée dont nous faisons l'expérience ? Autrement dit, le monde est-il doté d'un ordre concret qui constitue son unité ? La question est complexe, car nous identifions certainement dans le monde des régularités, des lois, mais ces lois semblent appartenir à des ordres différents dont nous ne connaissons pas la compatibilité. Nous ne savons pas si « l'homme n'est pas un empire dans un empire » et si les lois humaines sont compatibles avec les lois de la nature ; nous n'avons pas davantage l'impression que les lois physiques soient compatibles avec les lois de l'esprit ; enfin, nous estimons que l'ordre créatif du vivant s'oppose à l'ordre géométrique de la matière [1]. Avons-nous dès lors le droit de supposer que, malgré la diversité des ordres légaux qui paraissent régner sur le monde, celui-ci possède une unité concrète ? Pour résoudre le problème du corps et de l'esprit, Davidson suppose que les événements mentaux sont ontologiquement physiques mais qu'ils ne peuvent recevoir une explication par des lois physiques [2] ; devrions-nous, pour sauvegarder l'unité du monde, élargir un tel « monisme anomal » à tous les ordres du monde qui paraissent contredire l'ordre naturel ? Après tout, les physiciens contemporains estiment que l'Univers est né d'un événement unique ; par conséquent, ne devrions-nous pas admettre que les ordres vital, mental et humain ne sont que dérivés par rapport à l'ordre physique primordial et sont donc nécessairement en compatibilité avec lui ?

1. H. Bergson, *L'Évolution créatrice*, *op. cit.*, p. 221-238.
2. D. Davidson, « Les événements mentaux », dans *Actions et événements*, trad. fr. P. Engel, Paris, P.U.F., 1993, p. 283-289.

Si l'on peut toujours faire l'hypothèse d'une unité de l'ordre du monde, reste tout de même à savoir s'il est concevable que *le monde soit un individu*, c'est-à-dire une entité unifiée par une structure concrète. Car si le monde est un individu, si ses parties sont intégrées, alors il est logique de lui supposer des limites, et de concevoir par conséquent que d'autres mondes puissent exister au-delà de ses limites, même si nous ne pourrons jamais rien en savoir. L'hypothèse de l'individualité du monde vient dans ce cas contredire l'hypothèse de l'unicité du monde. Pourtant, dans le *De Caelo*, Aristote soutient à la fois les deux thèses que nous jugeons en contradiction : d'une part, le monde concret est un individu, c'est-à-dire qu'il est doté d'une forme structurelle qui l'unifie et lui donne des limites ; d'autre part, le monde concret est nécessairement l'unique monde, c'est-à-dire qu'il n'y a rien au-delà des limites de notre monde. Aristote n'évoque pas au hasard cette question de la pluralité des mondes, il semble qu'il ait eu connaissance des théories atomistes, notamment celle de Démocrite, qui soutiennent que le tout est infini, empli d'une infinité de corps en mouvement dans le vide, ce qui permet à de nombreux mondes de se former, de grossir puis de disparaître, et tout cela de manière hasardeuse[1]. La physique aristotélicienne, fondée sur le primat de la cause finale[2], s'oppose bien entendu à un tel désordre.

Le premier argument d'Aristote[3] contre la pluralité des mondes découle en effet directement des principes

---

1. S. J. Dick, *La Pluralité des mondes*, trad. fr. M. Rolland, Arles, Actes Sud, 1989, p. 20-21.

2. Voir par exemple Aristote, *Parties des animaux*, 639b15.

3. Aristote, *De Caelo*, 276a23-277b25.

de sa physique, et plus particulièrement de la distinction entre « mouvement naturel » et « mouvement contraint », qui se fonde évidemment elle-même sur l'idée de « lieu naturel », et qui est rappelée en préambule de la réfutation : puisque chaque élément tend absolument vers son lieu naturel, le bas pour la terre, le haut pour le feu, on ne peut concevoir une pluralité des mêmes lieux naturels et donc une pluralité de mondes ; car un corps composé de terre ne peut avoir à la fois pour lieu naturel le centre d'un monde et le centre d'un autre monde situé à l'extérieur du premier, sauf à accomplir des mouvements qui sont à la fois naturels et contraints, ce qui est contradictoire ; il faut en conclure qu'*un seul monde est par nature possible*. Aristote envisage certes l'objection que les autres mondes soient naturellement différents, et contiennent d'autres éléments que ceux qui composent les corps de notre monde, avec d'autres mouvements naturels, mais il rejette immédiatement l'objection : non seulement de tels mondes n'auraient rien à voir avec le nôtre et ne mériteraient le nom de « monde » que par homonymie – raisonnement qui, en passant, revient à imposer un ordre physique particulier à notre monde pour qu'il mérite d'être appelé « monde » – mais encore il n'existe qu'un nombre limité de mouvements et donc un nombre limité d'éléments, à tel point que nous les connaissons tous dans notre monde.

Dans le chapitre suivant[1], Aristote complète sa réfutation, en faisant appel cette fois à un argument métaphysique par l'absurde : pour chaque être naturel, l'hylémorphisme aristotélicien impose en effet de distinguer la forme spécifique, ce que l'on appellerait

---

1. Aristote, *De Caelo*, 277b26-279b3.

« l'essence », et la forme composée avec la matière, qui constitue dans chaque cas les individus concrets de l'espèce. Ainsi faut-il distinguer la forme du cercle, cette circularité que l'on retrouve dans tous les cercles, des cercles concrets, une roue en bois, un bouclier en bronze, un plateau en or, etc. Cette distinction, valable pour tous les êtres concrets, nous conduit dès lors à différencier la forme spécifique du monde, celle qui fait que tout monde a telle nature, des mondes concrets individuels qui composent cette forme avec une matière donnée. Évidemment, la distinction plaiderait en faveur d'une pluralité des mondes, s'il n'apparaissait pas que notre monde est *le seul monde concret possible*, puisqu'il inclut la totalité des corps sensibles, et donc de la matière. Dans le même mouvement, Aristote démontre donc à la fois que le monde est un individu, c'est-à-dire un être concret ordonné par une forme structurée, et qu'il est le seul individu de son espèce, puisqu'il n'existe pas de matière extérieure à lui et permettant de concrétiser un autre monde [1].

Quelles bonnes raisons possédons-nous cependant de considérer le monde comme un individu, et même comme un organisme, puisqu'ici chaque corps naturel qui appartient au monde est considéré comme suivant sa fin naturelle et trouvant sa place dans le tout, structuré et limité ? Au fond, la représentation aristotélicienne du monde, réjouissante logiquement, repose sur deux présupposés fâcheux : l'un est conforme à l'observation, mais pas à la réalité de la matière et du mouvement, c'est la théorie du lieu naturel, qui a été rejetée par la science physique moderne ; l'autre est concevable, mais

---

1. Voir S. Chauvier, « L'unique en son genre », art. cit., p. 15.

n'est corroboré par aucune observation, c'est l'idée métaphysique que la totalité de l'être est ordonnée et qu'elle correspond à une forme singulière.

En effet, si nous pouvons toujours concevoir l'idée de « totalité de la matière », ou de « totalité de l'être concret », autre chose est de montrer que cette totalité est concrètement dotée d'une unité, qui peut être soit une forme qui la structure, soit un système de lois qui l'ordonne. Mais comment établir qu'une telle unité est effective, et qu'il ne s'agit pas d'une simple idée imaginaire que nous forgeons ? Hume se moque de notre imagination, qui « se plaît à tout ce qui est lointain et extraordinaire » et « court, sans contrôle, s'enfoncer dans les parties les plus éloignées de l'espace et du temps »[1]. Or notre existence nous plonge sans recul dans le monde, nous confronte à la pluralité des êtres, des événements, des phénomènes, et nous rend incapables d'adopter une perspective de surplomb qui pourrait nous révéler que le monde auquel nous appartenons possède une unité d'ensemble ; notre expérience nous rapporte tout ce qui a lieu, une multiplicité d'événements de tous ordres, comme le climat du jour, l'affairement des hommes, les préoccupations de nos proches, les mouvements sociaux et politiques, les catastrophes naturelles. Quelle connaissance de l'unité du monde pourrions-nous tirer de ce foisonnement ?

Pourtant, nous avons bien le sentiment tenace que le monde est unifié par quelque principe, que l'ensemble de l'Univers est en expansion, que les dures lois de la vie nous rendent mortels, ou encore qu'il n'y a jamais

---

1. D. Hume, *Enquête sur l'entendement humain*, section XII.

« rien de nouveau sous le soleil » : comment expliquer que nous nous référions constamment à l'idée de l'unité du monde et de ses lois, alors qu'une telle idée ne correspond aucunement à notre expérience foisonnante ? À cet étonnement, Kant apporte une réponse bien connue, et dont l'élaboration se situe au cœur même de son projet critique [1] : la raison humaine a nécessairement tendance à développer des « idées transcendantales », c'est-à-dire des idées qui ne correspondent à aucune expérience mais ont pour tâche d'unifier notre connaissance, alors même que les pouvoirs de connaissance humains ne peuvent aller au-delà du divers de l'expérience. Plus précisément, pour Kant, même si nos facultés de connaître *conditionnent* nos représentations des choses, l'intuition les conditionnant par les formes de l'espace et du temps et l'entendement par ses catégories *a priori*, et nous empêchent ainsi d'accéder à la réalité en soi des choses, la raison, faculté supérieure de l'esprit, a la prétention de connaître du point de vue de la totalité absolue des conditions, et d'accéder ainsi à *l'inconditionné* [2]. Or « le tout absolu de toute expérience possible n'est pas lui-même une expérience » [3], ce qui veut dire que la raison commet, en prenant ses désirs pour la réalité, une confusion, puisqu'elle s'appuie sur des contenus empiriques en croyant par là-même dépasser l'expérience. Une telle confusion explique tout particulièrement notre sentiment paradoxal d'unité du monde, puisque nous avons subjectivement besoin, par

---

1. La question du monde, et particulièrement de sa création, est même le point de départ du projet critique kantien, *cf.* P. Clavier, *Kant, Les idées cosmologiques*, Paris, P.U.F., 1997, p. 77-78.

2. *Ibid.*, nous suivons le chapitre « Les antinomies cosmologiques », p. 76-105.

3. E. Kant, *Prolégomènes à toute métaphysique future*, trad. fr. L. Guillermit, Paris, Vrin, 2000, § 40, p. 102.

les prétentions de notre raison, de penser une liaison entre les phénomènes sensibles, même si nous ne pouvons accéder qu'à la diversité de ces phénomènes, ordonnée par notre entendement.

Le cœur de la démonstration de Kant contre les prétentions théoriques de la raison, et par conséquent contre la métaphysique, réside dans les fameuses « antinomies de la raison pure », qui concernent précisément, sous quatre modalités différentes, l'idée de « monde ». Car c'est avant tout dans la cosmologie rationnelle que se révèle le conflit dans lequel la raison a tendance à s'enfermer, bien davantage que dans la psychologique rationnelle ou la théologie rationnelle. L'idée de « monde » en effet « ne prend jamais son objet que dans le monde sensible et n'a besoin d'aucune autre idée que celle dont l'objet est un objet des sens », or « son objet ne peut jamais être donné adéquatement dans aucune expérience »[1]. Une telle contradiction humilie de manière éclatante la raison, qui ne peut s'empêcher de confondre le monde comme « chose en soi » et le monde comme « totalité non unifiée des phénomènes sensibles ». La même confusion se retrouve dans chacune des quatre antinomies, dans lesquelles l'idée de « monde » apparaît tour à tour, selon l'expression de Kant, comme « trop grande » et « trop petite » pour être reconduite à un concept de l'entendement : ainsi, celui qui soutient, dans la première antinomie, que le monde est sans commencement, n'arrive pas à inclure l'éternité dans un concept empirique, tandis que celui qui soutient que le monde a un commencement n'arrive pas à déterminer la limite qui viendrait restreindre le monde ; et

1. E. Kant, *Prolégomènes à toute métaphysique future*, *op. cit.*, § 50, p. 113.

celui qui soutient, dans la troisième antinomie, que tout
dans la nature obéit à la causalité, se trouve lancé dans
une remontée à l'infini de cause en cause et ne parvient
pas à penser la nature dans son ensemble, tandis que celui
qui soutient qu'il y a aussi dans le monde des événements
produits par liberté n'arrive pas à unifier toute l'expérience
et à penser la totalité du monde sous un seul concept[1]. Le
scandale des antinomies nous révèle dès lors que les idées
cosmologiques sont contradictoires malgré leur nécessité
rationnelle, et que plus généralement notre rapport
ordinaire autant que métaphysique au monde sensible,
fondé sur la confusion entre phénomènes et choses en
soi, est illusoire. En parlant du monde comme totalité,
le métaphysicien le conçoit comme une unité donnée
dans son entièreté, spatialisée, *en oubliant* que lui-même
« parle *dans le temps* », c'est-à-dire que l'expérience
présente chaque phénomène comme inscrit dans une série
qu'il est impossible par définition de reconstituer dans
son intégralité : « l'espace fait surgir une totalité que le
temps transforme en mirage »[2]. Qu'est-ce que le monde
par conséquent? D'un côté, c'est le « monde sensible »,
la diversité des phénomènes que l'entendement nous
présente comme ordonnés mais qu'il est impossible de
totaliser objectivement; de l'autre, c'est une simple idée
de la raison, grevée par des contradictions, et qui découle
de notre besoin subjectif d'unification. Il nous faut donc
renoncer à toute tentative pour répondre *objectivement*
à la question de l'unité ou de la pluralité des mondes,

---

1. E. Kant, *Critique de la raison pure*, B 514-517, cité par
P. Clavier, *Kant, Les idées cosmologiques, op. cit.*, p. 93-95.
2. Telle est l'analyse de G. Lebrun dans *Kant et la fin de la
métaphysique, Essai sur la* Critique de la faculté de juger, Paris,
Armand Colin, 1970, chap. III, « Le mirage du monde », p. 68-93.

puisque nous aurons toujours *subjectivement* l'idée de l'unité du monde.

Contre cette conclusion critique, décevante, et d'apparence définitive, on pourrait cependant formuler deux objections. La première est interne à la pensée de Kant et découle de l'évolution du projet critique, avec la relégitimation, à la fin de la *Critique de la faculté de juger*, d'une pensée téléologique de la nature [1], quoique sous forme seulement « régulatrice ». Certes, notre entendement est « discursif », ce qui veut dire qu'il ne peut s'empêcher de connaître la nature comme un mécanisme, et de considérer toute explication finalisée des êtres naturels comme une simple réflexion, sans production de connaissance ; mais cela nous suggère dans le même temps l'idée non contradictoire qu'est possible un autre entendement, qui serait « intuitif » et non « discursif », et qui pourrait accéder à une connaissance du suprasensible, dans laquelle sont susceptibles de se réunir déduction mécanique et déduction téléologique de la nature. Un tel entendement ne se trouverait pas enfermé comme le nôtre dans la scission contingente entre domaine de la nature et domaine de la liberté, et la seule idée de cet entendement qui découvrirait l'unité des lois du monde nous suggère que cette unité existe bel et bien au-delà du sensible [2]. Une seconde objection tient aux développements contemporains de la physique, qui nous procurent des modèles du développement unifié de l'Univers et des preuves observationnelles de son expansion. Il est vrai que la métaphysique ne s'en trouve pas réhabilitée pour

---

1. Cette pensée téléologique vaut en premier lieu pour les êtres vivants, qui paraissent ne pas obéir seulement à des lois mécaniques.

2. E. Kant, *Critique de la faculté de juger*, Introduction, IX et § 77-78.

autant dans sa capacité à déterminer le monde, puisque
la tâche de connaître l'histoire de l'Univers incombe
désormais à la physique ; néanmoins, si nous sommes
obligés de tenir compte de la leçon critique kantienne,
il convient de la relativiser. La connaissance de l'unité
physique de l'Univers n'est pas forcément hors de notre
portée.

LE MONDE ET NOUS

En posant la question métaphysique de la pluralité
des mondes, nous avons en tout cas démontré, de ce
point de vue métaphysique au moins, l'impossibilité
de garantir qu'il y a concrètement un seul monde plutôt
que plusieurs, dans la mesure où l'unité du monde qui
se dégage nécessairement de l'analyse conceptuelle
apparaît dépendante des conditions de notre subjectivité.
Si le métaphysicien définit le monde comme un individu,
si l'homme de la rue conçoit le monde comme unifié par
un système de lois, c'est parce que l'idée cosmologique
de « monde » ne peut être objet de pensée sans que la
pensée ne lui attribue la singularité, si bien que ce
que nous considérons ordinairement comme *l'unité
objective d'un réel concret* s'avère être seulement *l'unité
subjective d'une représentation*. Il faut dès lors tirer les
conséquences logiques de notre erreur, et donner raison à
Wittgenstein lorsqu'il affirme, dans le *Tractatus*, que « le
sujet n'appartient pas au monde, mais il est une limite
du monde » et que « le moi entre en philosophie par le
fait que le monde est mon monde »[1]. À condition de
comprendre que ces formules ne viennent pas défendre

1. L. Wittgenstein, *Tractatus logico-philosophicus*, 5.632 et 5.64.

un solipsisme ontologique, qui affirmerait que le sujet est seul à exister et que le monde s'identifie à ma conscience, mais relèvent d'abord d'un solipsisme logique, selon lequel il n'y a aucun *sens* à distinguer les limites de la pensée des limites du monde. L'idée de « limite » implique ainsi d'une part que le sujet, qui est la limite du monde, n'est pas contenu dans le monde, de même que l'œil, qui est la limite du champ visuel, n'est pas un objet du champ visuel[1], et d'autre part que je ne peux rien penser ni dire au-delà de l'horizon de la pensée, de telle sorte que cet horizon est indéfinissable et que je ne peux savoir *où mon monde s'arrête*. Cette délimitation définit pour Wittgenstein l'éthique elle-même, car le monde n'a de valeur que par la subjectivité qui le singularise : « le monde de l'homme heureux est un autre monde que celui du malheureux »[2]. Le monde n'en est pas pour autant clos à mes yeux, ni structuré intrinsèquement par le simple fait que j'en suis la limite ou que je l'oriente.

Dès lors, comment concevoir *l'unité subjective* du monde ? Déjà, une distinction s'impose, entre l'unité formelle que *mon* monde a nécessairement parce que *je pense*, et l'unité psychologique que j'attribue au monde parce qu'il est contenu dans ma conscience et que celle-ci m'apparaît unifiée ; si la première unité s'avère tautologique, la seconde n'est-elle pas un postulat audacieux, voire un abus de pensée ? Après tout, rien n'indique que ma conscience soit dotée d'une unité réelle, et que l'appropriation que je prétends faire de ma

---

1. *Tractatus*, 5.633.
2. *Tractatus*, 6.43. Je remercie Élise Marrou pour sa relecture de ce passage et ses remarques et ajouts sur le solipsisme.

pensée permette de l'unifier d'une quelconque manière[1].
D'ailleurs, l'unité que j'accorde à ma conscience et que
je projette sur le contenu de mes pensées, considéré
ainsi comme « monde », suffit-elle à produire un monde
subjectivement unifié ? Husserl semble démontrer, dans
la première des *Méditations cartésiennes*, que c'est
bien le cas, puisque l'unité du « je transcendantal », qui
se dégage de l'entreprise de « réduction phénoméno-
logique », apparaît également comme l'unité du monde,
mis pourtant entre parenthèses par cette même réduction[2].
L'être du monde nous semble ordinairement, reconnaît
Husserl, aller de soi, et cette évidence supposée découle
de la force de l'expérience ; mais l'expérience n'a rien
de nécessaire et doit être mise en doute, de telle sorte
que l'être du monde lui-même devient douteux. Pourtant,
le monde, même illusoire, conserve, dans l'épreuve du
doute, sa « prétention d'être » : il se trouve suspendu, et
avec lui tout ce qu'il contient de matériel, de culturel,
de social, mais en étant suspendu, il n'est pas aboli pour
autant. Ce que permet cette suspension, c'est de révéler
ma vie consciente, mes vécus purs, sans qu'ils soient
comme d'ordinaire recouverts par le monde objectif.
Je sais désormais que le monde existe au sein d'une
conscience et « vaut pour moi » ; je sais désormais que
le monde est secondaire, puisqu'« il puise tout son sens
et sa validité d'être en moi-même ». Husserl ajoute, à la
toute fin de la première méditation, que la conscience
n'étant pas une partie du monde, le monde n'est pas

1. L'argument est classique, on le trouve par exemple chez Hume,
cf. *Traité de la nature humaine*, livre I, 4ᵉ partie, section VI, ou chez
Nietzsche, *Par-delà Bien et Mal*, § 17.
2. E. Husserl, *Méditations cartésiennes*, I, § 7, 8 et 11. Nous
suivons la progression du texte.

davantage une partie de la conscience, parce que les objets du monde ne se situent pas *dans* la vie de ma conscience. Pour autant, chacun de ces objets est saisi « à l'intérieur d'un univers unitaire qui, même lorsque dans la saisie nous visons le singulier, nous apparaît toujours comme un »[1]. Il y a donc bien *corrélation* entre l'unité de la conscience et l'unité du monde qui la suit ; ces deux unités ne se donnent ni comme seulement formelles, ni comme psychologiques, mais comme transcendantales. En somme, un monde se définit comme « *l'horizon d'une conscience* ». Or une telle définition aboutit bien sûr à un paradoxe logique : au moment même où se dégage une subjectivité transcendantale qui donne sens à un monde unifié, la diversité des mondes s'affirme concrètement, puisque cette subjectivité peut agir comme un principe d'individuation.

Ai-je mon monde ? Avons-nous chacun notre monde ? Et que veulent dire ces interrogations existentielles, aussi frappantes que principielles ? Pour ne pas rester dans l'abstraction, il faut enrichir et concrétiser la description du monde ainsi défini transcendantalement, en lui ajoutant une dimension psychologique, s'il s'agit d'une conscience humaine qui lui donne sens, voire biologique, s'il s'agit d'une conscience animale développée. Si en effet l'unité du monde est corrélée à l'unité de la conscience, alors chaque monde se détermine subjectivement comme *le* « *milieu* » *d'un individu conscient*. On comprend bien que le milieu biologique d'un individu puisse faire monde, car, comme l'affirme Simondon, l'individu ne doit jamais être saisi seul, abstraitement, mais toujours en couple, dans sa relation avec le milieu qui lui est associé

---

1. E. Husserl, *Méditations cartésiennes*, II, § 15.

et qui constitue le complément de l'individuation[1] ; c'est tout particulièrement le cas d'un individu qui réagit à son milieu et s'adapte à lui. En ce sens, l'affirmation « à chaque vivant son monde » devient valide, et la voie est ouverte pour l'immense diversité des mondes, en fonction des capacités psychiques propres à chaque vivant. Certes, on bute alors ici sur un débat bien connu à propos de *l'animal*, entre ceux qui, comme von Uexküll, accordent que les êtres vivants, même très différents de nous et apparemment élémentaires[2], ne sont pas de purs mécanismes, mais vivent, agissent et s'adaptent dans des mondes inconnus et inaccessibles à la conscience humaine, et ceux qui, comme Heidegger, considèrent que la « mondanéité » est un privilège humain, que « l'animal est pauvre en monde », ce qui signifie qu'il est pour ainsi dire « privé de monde », tandis que l'homme relève d'un mode d'être singulier qui le rend apte à être « configurateur de monde »[3]. Au fond, le problème est ici double, il tient d'une part à la considération que nous portons à notre conscience, qui cherche à donner du sens au monde et à notre existence en lui, ainsi qu'au besoin que nous avons, en conséquence, d'accorder une dignité ontologique particulière à l'homme ; il tient d'autre part à la difficulté que nous avons de concevoir quoi que ce soit du contenu des mondes animaux s'ils

1. G. Simondon, *L'Individuation à la lumière des notions de forme et d'information*, Grenoble, Jérôme Millon, 2005, p. 63-66.
2. Pensons au fameux exemple du « monde de la tique », qui ouvre le livre de J. von Uexküll, *Mondes animaux et monde humain*, trad. fr. Ph. Muller, Paris, Pocket, 2004.
3. M. Heidegger, *Les Concepts fondamentaux de la métaphysique, Monde-finitude-solitude*, trad. fr. D. Panis, Paris, Gallimard, 1992, p. 265-396.

existent[1], et beaucoup plus généralement, d'imaginer quoi que ce soit du contenu de mondes aux lois très différentes du nôtre, si la question de l'existence de tels mondes « très différents » a même un sens. Toutefois, quelle que soit la solution que l'on choisisse d'apporter à cette question, la diversité des mondes est désormais affirmée, du moins entre les mondes des hommes, et la différence entre deux mondes corrélés à deux sujets même très proches, culturellement, socialement ou affectivement, est déjà irréductible. Davantage qu'un *principe d'individuation* des mondes, la subjectivité joue comme un *principe d'exclusion* des mondes, puisque le monde tire exclusivement son sens du sujet[2], qui ne peut en outre sortir de son monde pour accéder au monde d'un autre sujet, car ce second monde s'inclurait ainsi dans sa vie consciente et rejoindrait son monde.

Or une telle exclusivité nous semble intolérable, parce qu'elle implique un solipsisme cette fois psychologique, qui considère que le seul monde accessible, et donc existant pour moi, *s'identifie* au contenu de ma conscience. En refusant d'accorder *a priori* au monde une unité objective, ce qui constituerait pour nous la garantie de son *extériorité*, nous sommes allés trop loin dans l'autre sens lorsque nous lui avons attribué une unité subjective. Non seulement une telle pensée nous plonge dans un abîme de solitude angoissante, puisqu'il n'y a pas de sens à évoquer l'au-delà de *ma* conscience, non seulement cette pensée ne retire pas au monde sa prétention à l'exclusivité, puisque l'unité subjective

---

1. En témoigne l'article classique de T. Nagel, « Quel effet cela fait-il d'être une chauve-souris ? »
2. E. Husserl, *Méditations cartésiennes*, I, § 8.

du monde est subjectivement totalisante, mais pire, le problème de l'unité ou de la pluralité des mondes ne s'en trouve pas résolu mais au contraire aggravé, puisque nous nous retrouvons pris dans une antinomie, entre la thèse selon laquelle il est impossible à une conscience d'accéder à un autre monde que celui qui constitue son propre horizon, et l'antithèse selon laquelle la multitude des sujets, au moins humains, définit une multitude de mondes. À ce point, notre démarche doit être ainsi réorientée : nous devons désormais, sauf à adopter un solipsisme qui entre en contradiction avec l'idée même de « monde », partir du constat de la pluralité des mondes subjectifs, tels qu'ils sont donnés par le seul point de vue de la conscience, et tenter d'articuler cette pluralité, selon une règle d'*extériorisation* ou encore d'*objectivation*, à l'unité totalisante du monde objectif. Si cette tentative réussit, nous aurons démontré l'unité du monde par une voie plus rigoureuse que la démonstration métaphysique *a priori* ; si elle échoue, nous devrons, avant d'accorder une fois pour toutes qu'il n'existe nécessairement qu'un seul monde actuel, poursuivre notre analyse en cherchant à envisager d'autres pluralités des mondes.

Dans les *Méditations cartésiennes*, Husserl est bien conscient du problème que nous venons de poser. Pour lui également, le monde ne peut se réduire à « mon monde » mais doit bien avoir quelque chose d'objectif. D'ailleurs, le monde possède une dimension sociale et culturelle, qui ne vient pas seulement de moi, mais qui implique l'existence d'une collectivité, affirme la présence des autres[1]. Ainsi, le monde ne peut être corrélé

---

1. E. Husserl, *Méditations cartésiennes*, V. Voir E. Housset, *Husserl et l'énigme du monde*, chap. VI, « Le monde commun », Paris, Seuil, 2000, p. 219-255.

à une seule subjectivité transcendantale, ce qui conduirait à enfermer les sujets solipsistes dans leurs mondes inaccessibles, mais doit tirer son sens, par son contenu même, au moins d'une *intersubjectivité transcendantale*. Pour autant, l'unité de cette intersubjectivité, à supposer que toute intersubjectivité ne soit pas toujours un groupe ou une collectivité sans unité structurelle, se trouve-t-elle corrélée à l'unité elle-même intersubjective du monde, ou à l'unité réellement objective du monde ? Déjà, il semble qu'on ne puisse pas si facilement conclure de la subjectivité à l'intersubjectivité, puis de l'intersubjectivité à l'objectivité. Strawson par exemple, au tout début des *Individus*[1], en décrivant le monde tel qu'il est pour nous, affirme que « nous concevons le monde comme contenant des choses particulières, dont certaines sont indépendantes de nous ». Autrement dit, notre pensée est ainsi faite, et pour Strawson cela n'a pas à être justifié mais simplement décrit, que le monde est pour nous en grande partie composé d'individus extérieurs à nous. Mais que veut dire qu'ils soient « extérieurs » à nous ? Cela présuppose seulement que « nous sommes capables, en tant que locuteurs et auditeurs, d'identifier les particuliers qui entrent dans notre discours »[2] ; pour identifier, il faut être plusieurs, le langage étant pour Strawson de nature dialogique, et par conséquent il faut que l'identification soit *publique*, c'est-à-dire qu'elle ait lieu au sein d'un repère spatio-temporel commun[3]. L'intersubjectivité inhérente à la pensée produit donc une dimension publique, qui dépasse les sujets et dans laquelle peuvent

1. P. F. Strawson, *Les Individus*, *op. cit.*, p. 15.
2. *Ibid.*, p. 16.
3. *Ibid.*, p. 24-33.

se déployer tous les phénomènes sociaux et culturels, en premier lieu le langage. Mais si une extériorité a ainsi été conquise, il s'agit de l'extériorité *entre* des sujets confrontés à des contenus sensibles communs, et non d'une extériorité des objets eux-mêmes par rapport aux sujets. Par ailleurs, l'intersubjectivité dessine certes un « monde commun » doté d'un repère spatio-temporel permettant l'identification des contenus sensibles, mais cela ne suffit pas pour totaliser en un « monde concret » les individus identifiés.

Husserl, quant à lui, parvient à identifier « objectivité » et « intersubjectivité ». Il procède pour cela, dans la cinquième méditation, à une nouvelle réduction au « je transcendantal », non pas cette fois en suspendant l'existence du monde, mais en excluant toute référence à « autrui »[1]. Une telle abstraction met en corrélation le « je » avec un *monde primordial*, qui correspond à « mon expérience », celle de « mon corps propre »; l'abstraction est révélatrice dans la mesure où ce « monde primordial » ne suffit pas à constituer le « monde objectif », justement parce qu'il y manque l'expérience des autres, qui s'avère donc nécessaire pour ce travail de constitution. Puisque je ne peux faire abstraction du « monde objectif », qui se donne toujours à moi comme achevé, il convient donc d'ajouter l'expérience de l'étranger à celle de « mon monde » pour reconstituer le « je transcendantal » complet[2]. Mais l'objectivité ainsi attendue peut-elle se constituer à partir d'une intersubjectivité concrète ? « L'autre je » n'est pourtant d'abord qu'un homme au sein de « mon

---

1. E. Husserl, *Méditations cartésiennes*, V, § 44.
2. *Ibid.*, § 49.

monde ». Cependant il a un corps comme le mien, que je reconnais analogiquement comme « corps propre » et donc comme fondateur d'un autre « monde primordial » inaccessible au mien. Admettons que la structure de mon expérience implique une telle reconnaissance : dans ce cas, comme le montre Husserl, « l'autre moi » est à la fois absolument « autre », distinct et irréductiblement séparé, et « identique » à moi, son corps propre étant identique au mien, car si j'étais à sa place, j'apparaîtrais comme lui. Pour autant, peut-on aller jusqu'à dire que, parce qu'il y a communauté de nature entre « autrui » et « moi », nos mondes primordiaux fondent un « monde commun »[1] ? Ce serait passer par-dessus une énigme que Husserl lui-même formule : « comment se fait-il que je puisse parler d'un même corps qui apparaît, dans ma sphère primordiale, sur le mode du là-bas, et dans la sienne, pour lui, sur le mode de l'ici », et du coup comment se fait-il que je puisse « communautariser » les mondes primordiaux ? Husserl conclut pourtant non seulement à la constitution d'un monde commun à partir des mondes primordiaux subjectifs, mais encore à *l'unicité nécessaire de ce monde commun*. En effet, puisque je suis la « monade originaire » qui, par l'intermédiaire de la mise en commun avec les autres monades, constitue le monde objectif, il serait contradictoire que je constitue plusieurs mondes, car je mets tous les autres en communauté unique avec moi[2]. Mais une telle conclusion révèle à elle seule la fragilité de toute la construction : si je suis « la monade » qui fonde le monde commun, alors ce monde est seulement « *mon* monde commun ». Comme le dit

1. E. Husserl, *Méditations cartésiennes*, V, § 55.
2. *Ibid.*, § 60.

Leibniz, « les monades n'ont point de fenêtres », si bien que personne ne peut entrer en moi pour faire « monde commun » avec moi. Nous n'avons donc pas échappé à la difficulté initiale.

En somme, nous devons provisoirement conclure sur un double échec de l'analyse, échec d'une part dans sa tentative de déterminer conceptuellement *a priori* l'unicité du monde, dans la mesure où la richesse concrète des choses résiste à toute unification ; échec d'autre part dans notre essai d'unifier le monde autour d'une subjectivité originaire, puisqu'une telle subjectivité, sur le modèle du trou noir, avale tout du monde qu'elle unifie et ne laisse rien échapper. Il nous faut donc provisoirement renoncer à proclamer l'unicité du monde, et nous lancer dans la recherche d'un type de pluralité susceptible de différencier les mondes.

LA PLURALITÉ DES MONDES POSSIBLES

Nous cherchons à déterminer s'il y a *unité concrète du monde* ou *pluralité concrète des mondes*. Déjà, cela ne veut pas dire du tout que la variété d'usages de la notion de « monde » est indicatrice d'une pluralité des mondes. L'exigence philosophique nous impose en effet de refuser la relativité du concept de « monde » et de considérer ses usages trop peu rigoureux comme seulement métaphoriques. Nous ne devons donc pas admettre purement et simplement que l'on parle de « monde des abysses », de « monde de Proust » ou de « monde des employés », mais au contraire nous devons nous demander *s'il est légitime*, la cohérence du réel étant donnée, de parler ainsi. Pour autant, la seule analyse conceptuelle ne permet pas d'établir une ontologie solide : dans notre cas, la prétention logique du concept de « monde » à l'unicité, qui rend ce concept singulier, ne peut nous montrer à elle seule, simplement parce qu'elle mène à des contradictions logiques, que « notre monde » est *réellement* le seul monde. Ce serait avoir une confiance aveugle en la pensée humaine que de croire qu'une contradiction dans notre logique suffit à nous révéler la teneur de ce qu'il y a. Si un raisonnement sur la pluralité des mondes est bien entendu menacé de contradiction à partir du moment où le monde est défini, à la manière d'Aristote, comme « la totalité du concret existant », il est pourtant apparu que cette définition n'a rien d'objectivement nécessaire. D'un autre côté, l'idée de « pluralité des mondes » ne paraît pas impossible à envisager, puisque des physiologues présocratiques, des théologiens médiévaux ou des penseurs de la Renaissance, entre autres, l'ont défendue sérieusement. L'analyse conceptuelle, déterminée par la contingence des définitions, ne suffit donc pas pour répondre définitivement à notre question. Nous pouvons toujours chercher à fonder cette analyse sur ce que notre expérience montre : sauf que l'expérience reconduit à notre regard, c'est toujours « notre » monde, unifié par notre subjectivité, qui en constitue l'horizon, et nous ne tenons pas davantage notre conclusion.

Maintenant, une pensée de la pluralité concrète des mondes est-elle soutenable ? Et quels sont les critères permettant de mesurer sa soutenabilité ? Déjà, un préalable logique impose qu'une définition satisfaisante du concept de « monde » puisse rendre l'idée de « pluralité des mondes » non contradictoire, en permettant de concevoir « *un* monde » autrement que comme une exclusivité objective ou subjective. Mais il n'est pas suffisant de parvenir à penser sans contradiction cette idée, qui peut toujours demeurer de l'ordre de la fantaisie, tant que la *coexistence concrète des mondes* ne s'impose pas à nous d'une manière ou d'une autre lorsque nous cherchons à rendre compte du réel. Cependant, si notre expérience quotidienne nous présente seulement la diversité des phénomènes, sans autre unification que subjective, pourquoi nous obstiner à vouloir *quantifier* un ou des mondes ? Et si l'analyse conceptuelle mène à l'idée d'une exclusivité du monde, quelle sorte de perspective sur le réel pourrait justifier que nous forcions si paradoxalement le concept de « monde » à se pluraliser ? L'observation scientifique elle-même, en découvrant le fond diffus cosmologique, témoigne de l'homogénéité de l'Univers, alors même que certaines de ses parties semblent trop éloignées pour avoir une quelconque interaction entre elles. Dans ce cas, s'agit-il seulement, à partir de l'unicité de notre monde, d'*imaginer* la pluralité des mondes ? Encore faut-il qu'elle soit même imaginable, et que nous soyons en mesure de nous représenter, par exemple, d'autres univers existant *au-delà* de notre univers, alors qu'il contient pourtant les dimensions de l'espace et du temps, et que ces univers n'existeraient donc ni dans le même espace, ni dans le même temps que nous.

Reste à envisager une ultime justification de l'idée de « pluralité des mondes », qui consisterait à montrer qu'une telle idée s'avère *utile méthodologiquement*, c'est-à-dire qu'elle rend effectivement meilleure notre représentation du réel. Là encore, il nous faut des critères pour comprendre ce que ce « meilleur » veut dire. Quine, dans toute une partie de son œuvre, justifie la « relativité de l'ontologie » qu'il défend par le fait que toutes les ontologies sont des mythes, mais que certains de ces

mythes sont plus satisfaisants que d'autres, parce qu'ils
rendent les théories plus simples[1]. Pour marquer l'égalité
de statut des ontologies dans l'ordre mythique, le philosophe doit montrer leur *relativité*, en proposant une
« notation canonique » universelle dans laquelle elles
puissent toutes se traduire ; mais il doit aussi favoriser
certaines ontologies plutôt que d'autres, par exemple
celle qui postule l'existence des objets physiques plutôt
que celle qui postule l'existence des dieux d'Homère,
en proposant un critère de « simplicité des théories » et
de « commodité du schème conceptuel »[2]. Or c'est bien
entendu *le réel*, c'est-à-dire, pour Quine l'empiriste,
l'expérience stimulatoire, qui sert ici de critère pour
mesurer l'utilité des mythes philosophiques. Si donc
nous adoptons une telle perspective de recherche, la
dernière qui semble rester pour trancher notre alternative,
nous devons poser la question suivante : la thèse de « la
pluralité des mondes » est-elle, pour notre connaissance
du réel, un mythe plus utile ou moins utile que celle de
« l'unité du monde » ? Apparemment, cette question a
une portée limitée, puisqu'elle ne vise pas la réalité du ou
des mondes directement, mais envisage le réel seulement
à travers le prisme de l'utilité épistémologique. C'est
pourtant bien dans une perspective similaire que David
Lewis défend le « réalisme modal », c'est-à-dire l'idée
que les mondes possibles sont *réels*, existants, et donc
que coexistent de multiples mondes. Lewis ne démontre
pas directement la vérité de cette idée, mais soutient

1. Voir sur ce point, de Quine, les articles « De ce qui est », « Les
deux dogmes de l'empirisme », « Relativité de l'ontologie » ou encore
« L'épistémologie devenue naturelle ».
2. W. V. O. Quine, « Les deux dogmes de l'empirisme », dans
Du point de vue logique, trad. fr. S. Laugier *et al.*, Paris, Vrin, 2003,
p. 78-81.

qu'elle a de nombreux avantages pour la philosophie, et qu'il s'agit d'une « bonne raison » de la tenir pour vraie, « tout comme l'utilité de la théorie des ensembles en mathématiques offre une bonne raison de croire qu'il y a des ensembles »[1]. Nous devons dès lors examiner si une telle ligne de défense est cohérente et convaincante.

Avant d'en venir à la thèse de la *réalité* des mondes possibles, selon laquelle notre monde réel *n'est qu'un monde possible parmi les autres* et les mondes possibles *sont des mondes réels*, commençons par comprendre pourquoi la pluralité des mondes coexistants s'affirmerait en premier lieu sous la forme de « mondes possibles ». Cette suggestion nous est apportée par la *logique modale*, qui répond à l'exigence d'établir la valeur de vérité des propositions portant sur le possible et le nécessaire. Lorsque je dis « il fait beau aujourd'hui », je peux vérifier la validité de mon assertion en regardant par la fenêtre ; mais lorsque je dis « il pourrait faire beau aujourd'hui », je présuppose qu'en réalité il ne fait pas beau mais qu'existe la possibilité qu'il fasse beau, pourtant ce n'est pas en regardant par la fenêtre que je peux établir l'effectivité de cette possibilité, puisque le paysage est seulement susceptible de me révéler la triste actualité du mauvais temps. Comment donc déterminer si ce qui n'a pas lieu, ou ce qui n'a pas eu lieu, est effectivement possible ou non, sachant qu'un fait actuel de notre monde ne manifeste ni sa nécessité ni l'impossibilité de son contraire ? La logique modale contemporaine invite dès lors à reformuler la proposition « tel fait est possible », qui ne peut être vérifiée dans notre monde, puisque ce qui

---

1. D. Lewis, *De la pluralité des mondes*, trad. fr. M. Caveribère et J.-P. Cometti, Paris, Éditions de l'Éclat, 2007, p. 11.

est seulement possible *n'a pas lieu actuellement*, en « tel fait a lieu dans un monde possible » ; de la même manière, la proposition « tel fait est nécessaire » se reformule en « tel fait a lieu dans tous les mondes possibles sans exception ».

Cependant, il faut formuler ici deux réserves. La première porte sur la définition du terme polysémique « possible » dans l'expression « monde possible ». Cette expression est en effet trompeuse, puisqu'elle désigne tout aussi bien des mondes qui sont *possiblement très différents du nôtre*, et dans lesquels le possible et l'impossible physique ne sont pas forcément comme chez nous, pensons au monde de *Game of Thrones* avec ses saisons irrégulières, et des mondes qui *pourraient exister à la place du nôtre*, et qui par conséquent sont liés à notre monde, obéissent aux mêmes lois, ont les mêmes possibilités et nécessités naturelles, pensons au monde tel qu'il aurait évolué si César n'avait pas franchi le Rubicon. Pour vérifier la possibilité de la première sorte de « mondes possibles », il faut supposer que les lois logiques, naturelles, psychologiques qui nous régissent ne sont pas nécessaires, et qu'il y a peut-être des mondes où les mathématiques sont différentes, où ont lieu des événements pour nous « surnaturels » et incompatibles avec les lois physiques, où existent même des objets contradictoires tels que des « cercles carrés », où les magiciens ont vraiment du pouvoir ; « possible » signifie dans ce cas « imaginable », ou plus précisément « descriptible dans un récit de fiction », mais un tel *possible fantaisiste* ne peut évidemment nous éclairer sur les possibilités et nécessités de notre monde, sauf à vouloir seulement mesurer les limites de notre imagination. Or, puisque la logique modale a pour finalité de permettre la vérité ou la fausseté de contrefactuels portant sur le monde actuel, elle ne peut que retenir le second sens de « monde possible » et écarter le premier ; elle prend donc pour objet des mondes identiques au nôtre jusqu'au moment où ils s'en différencient factuellement.

Mais même au sujet de ces derniers mondes la portée du possible n'est pas claire : s'agit-il, selon la distinction faite par Duns Scot[1], d'un *possible logique*, c'est-à-dire d'un fait de l'esprit par lequel nous concevons sans contradiction qu'un événement pourra, pourrait ou aurait pu avoir lieu, ou d'un *possible réel*, c'est-à-dire d'un fait naturel, d'une *potentialité*, comme la propriété présente dans un être de produire tel ou tel effet ? Celui qui déclare que « l'allumette est inflammable », peut ainsi vouloir dire tout aussi bien qu'il conçoit sans contradiction une situation non existante dans laquelle l'allumette met le feu à la maison, ou bien qu'est présente dans l'allumette une disposition physique à s'enflammer, qui pourrait produire un accident dans la maison, même si ce n'est pas le cas pour le moment. Or les deux possibilités ne sont pas forcément liées : je peux me mettre à imaginer que l'allumette, certes inflammable mais qui concrètement n'a pas la possibilité matérielle d'enflammer bien loin, met le feu à toute la ville. Bref, des situations contrefactuelles qui, sans être apparemment contradictoires, n'en sont pas moins fantaisistes, sont tout à fait concevables comme « possibles ». Y a-t-il dès lors un critère logique susceptible d'indiquer que nous sommes en train de concevoir un possible réel, donc un « monde possible » lié causalement à notre monde, et

---

1. J. Duns Scot, *Ordinatio* I, dist. 2, pars 2, q. 4, § 262 (Édition Vaticane, II, p. 282).

non un possible fantaisiste au sein d'un monde purement imaginaire ? Les possibles logiques qui remplissent nos « mondes possibles » risquent bien de n'avoir aucune valeur de vérité s'ils ne se fondent sur les potentialités du réel.

De ce premier soupçon sur les mondes possibles découle d'ailleurs un second. Acceptons qu'un monde possible doive logiquement être construit à chaque fois que nous voulons énoncer une potentialité ou une nécessité contenues dans un état de fait actuel de notre monde ; mais comment la considération d'une simple potentialité, localisée dans notre monde, pourrait-elle engendrer dans notre esprit la représentation de tout un monde de possibles ? Le terme de « monde » n'est-il pas employé ici peu rigoureusement, avec emphase, ne sert-il pas au fond seulement à désigner la partie non révélée, non actualisée, d'un état de fait concret particulier de notre monde, sans qu'aucune totalité ne soit impliquée dans cet état de fait, *sans que cet état de fait ne fasse aucunement monde* ? Dans ce cas, il semble que la logique modale commette une erreur lexicale, ou alors qu'elle se trompe en supposant que nous pensons à des mondes possibles complets lorsque nous pensons modalement [1]. Au contraire, notre pensée modale ordinaire se concentre sur les situations qu'elle modalise, sans les inclure pour autant dans des totalités ordonnées qui leur donneraient cohérence ; mieux, si elle inclut une situation contrefactuelle dans un monde, c'est bien *dans notre monde* et pas dans un autre ! Pour reprendre l'exemple précédent, c'est dans le monde actuel que l'on

---

1. S. Chauvier, « Les possibles sans les mondes », dans *Cahiers de philosophie de l'Université de Caen* 42, 2005, p. 149.

peut craindre qu'une allumette ne déclenche un incendie, et pas dans un quelconque monde possible différent du nôtre. Même si nous construisions réellement un monde à chaque fois que nous concevons un contrefactuel, ou bien ce monde ne s'écarterait de notre monde que par le seul possible non actualisé qui l'en différencie, ce qui serait insuffisant pour dire que ce nouveau monde est « *un autre monde* » ; ou bien ce monde parviendrait à inclure un grand nombre des conséquences de la petite différence initiale qui le sépare de notre monde, et finirait par apparaître comme un monde lointain, mais avec le risque alors que les situations qu'il contient ne découlent aucunement des potentialités du monde actuel, mais seulement de nos efforts pour imaginer des possibles, et n'aient donc rien de *réel*.

Voilà pourquoi Kripke, dans la *Logique des noms propres*, propose une définition fort modeste des « mondes possibles » : un monde possible « n'est pas un pays lointain qu'on rencontre sur son chemin ou qu'on regarde au télescope », il est « donné par les conditions descriptives que nous lui associons »[1]. Kripke veut signifier plusieurs choses dans ces formules où il soutient que « nous ne découvrons pas les mondes possibles » : d'abord, l'usage des « mondes possibles » est lié au besoin de rendre compte des énoncés contrefactuels de notre monde, et il concerne donc seulement des situations particulières dont nous voulons mesurer les possibilités ; par conséquent, les mondes possibles ne doivent pas être fantasmés comme des univers à la fois lointains mais observables, car tout ce que nous

---

1. S. Kripke, *La Logique des noms propres*, trad. fr. P. Jacob et Fr. Recanati Paris, Minuit, 1982, p. 32.

observons relève de notre monde ; les mondes possibles
sont seulement des constructions logiques dépendant du
besoin d'analyse d'une situation et se résument à cela ;
dès lors, le problème métaphysique de l'identité des
individus à travers les mondes n'a guère de sens, puisque
c'est justement pour rendre compte des possibilités d'un
individu que l'on pose un monde. En réalité, ce que nous
cherchons à exprimer par la catégorie du « possible »,
c'est *la contingence* de notre monde, l'impression vivace
qu'il aurait pu arriver autre chose que ce qui est arrivé,
par exemple que nous aurions pu faire autre chose
de nos vies. Or a-t-on besoin de supposer des mondes
structurés autres que le nôtre pour rendre compte de cette
intuition ? A-t-on besoin de supposer un monde dans
lequel « nous faisons autre chose » pour concevoir que
« nous pourrions faire autre chose » ? Le problème est
que l'actualisation ou non des potentialités d'un individu
dépend de son histoire, de ce qui lui arrive, bref d'une
temporalité ; mais les mondes possibles n'appartiennent
à aucune temporalité[1]. C'est en effet une différence
d'abord temporelle, ou plus précisément processuelle,
qui distingue la potentialité, lorsque je sais qu'« il y a un
moment de ma vie où je travaillais assez mon instrument
pour devenir musicien professionnel », du pur possible
logique, lorsque j'imagine qu'« il y a un monde possible
où je suis musicien professionnel », ou encore, comme
le dit Aristote, que « tout homme est en puissance
musicien ».

---

1. S. Chauvier, « Les possibles sans les mondes », art. cit.,
p. 155 *sq*. S. Chauvier s'inspire des idées d'A. Prior dans *Papers on
Time and Tense*.

Si la validité d'une référence aux « mondes possibles » pour rendre compte du possible de notre monde se trouve ainsi mise en question, comment David Lewis peut-il défendre, au nom de l'utilité méthodologique, la position métaphysique bien plus forte selon laquelle les mondes possibles ne sont pas seulement des constructions logiques, mais coexistent concrètement avec notre monde ? Et déjà, n'y a-t-il pas contradiction dans l'idée même que les mondes possibles « existent », si ces mondes sont seulement possibles et non pas actuels ? Lewis répond à cette objection que tous les mondes, le nôtre et les autres, existent *au même titre* ; notre monde est « actuel » parce que nous nous situons en lui, de même que les autres mondes sont actuels pour ceux qui se situent en eux. L'actualité de ce monde ne résulte ainsi pas de sa réalisation, car tous les mondes possibles se réalisent, mais du sentiment de l'observateur envers le monde dont il fait partie ; du coup la possibilité n'est pas un manque d'actualité, mais elle est seulement « une alternative » à l'actualité d'un autre monde [1]. Et puisque notre monde nous offre une infinie richesse des possibles, on peut en déduire que « les mondes sont nombreux et variés » [2]. Le monde dans lequel César ne franchit pas le Rubicon est un monde à part entière ; le monde dont la seule différence avec le nôtre est une virgule en plus dans le livre de Lewis est un monde à part entière ; le monde dans lequel les constantes physiques n'ont pas permis à la vie d'émerger est un monde à part entière. Un problème se pose cependant lorsque Lewis affirme à la même page que « les mondes sont isolés : il

1. D. Lewis, *De la pluralité des mondes*, *op. cit.*, sections 2.1 et 2.8.
2. *Ibid.*, section 1.1, p. 16.

n'y a absolument aucune relation spatio-temporelle entre les choses qui appartiennent à différents mondes ». Ainsi, chaque monde est pour Lewis un système spatio-temporel clos de choses reliées, sans communication possible entre les mondes : mais, dans ce cas, quel argument permet-il de soutenir l'existence de ces mondes inaccessibles, et surtout, à quoi peuvent bien nous servir de tels mondes, puisqu'ils sont sans lien avec nous ?

Leibniz soulève une difficulté semblable au sujet de ses propres mondes possibles[1] : si le monde actuel est le seul qui ait une bonne raison d'exister, parce que Dieu a choisi de l'actualiser, et si les autres mondes ne sont dès lors qu'en puissance dans l'entendement divin, comment pouvons-nous, hommes, nous représenter les possibles qui ne se trouvent pas dans notre monde, mais dans ces autres mondes inaccessibles pour nous ? Pour Leibniz, les possibles ne nous sont pas donnés, mais nous pouvons nous les représenter abstraitement et confusément, bref en former des « notions vagues »[2]. Chez Lewis, les autres mondes ne sont certes pas restés à l'état de puissance dans l'entendement du Créateur, puisqu'ils existent tout autant que le nôtre ; pour autant, pourquoi croire en leur existence, si nous ne pouvons rien savoir d'eux ? Lewis soutient que « les autres mondes sont du même genre que le nôtre » ; les possibles de notre monde nous éclairent

---

1. Nous nous contentons ici de cette remarque à propos de Leibniz, et consacrons de plus amples développements à sa pensée des mondes possibles dans le premier des deux commentaires de texte qui suivent.

2. Nous suivons ici G. Olivo, « "Le mystérieux critère de la distinction des vérités nécessaires et des vérités contingentes" ou l'embarras d'une solution : Leibniz et la question du meilleur des mondes possibles », *Cahiers de philosophie de l'Université de Caen* 42, 2005, p. 93-128.

ainsi sur la pluralité immense des mondes. Dès lors, la thèse de l'existence d'autres mondes possède une vertu davantage logique que métaphysique, car elle permet d'adopter une *lecture réductrice* de notre monde. Les mondes possibles sont « un paradis pour philosophes », en permettant de « réduire la diversité des notions devant être admises comme primitives, de parfaire l'économie et l'unité de la théorie »[1] : par exemple, plus besoin de supposer la réalité de l'énigmatique causalité, il suffit de constater que dans les mondes proches du nôtre, tel événement suit toujours tel autre lorsque ce dernier a lieu[2] ; plus besoin non plus de supposer une différence entre l'essentiel et l'accidentel, il suffit de dire que certaines propriétés ne quittent pas un individu et ses contreparties dans les mondes proches du nôtre, tandis que d'autres propriétés varient[3].

Selon Lewis, l'utilité logique suffit donc pour faire adopter la thèse ontologique de la pluralité des mondes, sans autre justification métaphysique. Mais il faudrait voir s'il y a même un sens à admettre l'existence de mondes qui n'ont pour nous aucune actualité, sauf par hypothèse de méthode. Que veut dire pour nous une existence que nous supposons mais qui n'est jamais actuelle ? Pour Lewis, l'isolement des mondes existants[4] a pour première conséquence que deux choses assez proches l'une de l'autre sont « co-mondaines », c'est-à-dire font partie du même monde, un monde étant alors la *somme maximale* des choses co-mondaines ; au fond, les galaxies les plus éloignées ou les premiers moments de l'Univers

---

1. D. Lewis, *De la pluralité des mondes*, *op. cit.*, section 1.1, p. 20.
2. *Ibid.*, section 1.3.
3. *Ibid.*, section 1.5.
4. *Ibid.*, sections 1.1 et 1.6.

sont assez proches de nous, si bien que notre monde
n'est pas une collection hétéroclite mais « une chose
très inclusive », « un énorme objet physique ». L'idée
de l'existence d'autres mondes renforce la cohésion de
notre monde, son actualité. En outre, même si les mondes
sont isolés entre eux, même s'il n'existe aucune relation
entre les mondes, certains sont plus *proches* de nous que
d'autres et certains ne diffèrent même entre eux que par
un détail factuel. Mais cette proximité ne peut être spatio-
temporelle, puisque la spatio-temporalité sert de critère
d'individuation des mondes ; elle ne peut être davantage
causale, puisque les mondes n'ont aucune interaction les
uns avec les autres ; elle doit donc être *subjective*, interne
à l'esprit qui compare les mondes, ou rien du tout. Or que
veut dire qu'un esprit humain puisse penser au-delà de
son cadre spatio-temporel actuel ?

LA PLURALITÉ DES MONDES PARALLÈLES

Avec la thèse métaphysique forte d'une pluralité des
mondes possibles existants, nous butons sur la difficulté
radicale de devoir nous prononcer sur la réalité de ce qui
n'est ni dans le même espace, ni dans le même temps que
nous, bref de ce qui est complètement au-delà de notre
expérience. Nous devons déterminer si sont actuelles des
réalités qui nécessairement pour nous n'ont rien d'actuel.
Le problème est donc bien plus grave que lorsqu'il
s'agissait de se prononcer sur l'unicité objective du
monde ; alors, nous avions tout de même l'expérience de
contenus mondains, sans toutefois avoir l'expérience de
l'unification objective de ces contenus ; mais maintenant,
avec la thèse de la pluralité des mondes, nous ne

pouvons même plus avoir l'expérience de contenus qui pourraient nous indiquer qu'ils relèvent d'une autre mondanéité, car de tels contenus sont sans lien avec notre expérience. Ici, la métaphysique semble totalement gratuite et amphigourique. Il est pourtant paradoxal de constater dans le même temps que la physique, dans ses développements contemporains, a quelque chose à dire de la pluralité des mondes, et non plus de mondes possibles, mais de mondes bien réels.

En cosmologie, la physique semble en effet marcher sur les pas de la métaphysique, et avec beaucoup plus de succès : là où Kant considère que la question de l'éternité ou de la création du monde produit une antinomie humiliante pour la raison, les physiciens ont proposé un modèle de description de l'origine et de l'évolution de l'Univers qui est aujourd'hui majoritairement admis et dominant dans la communauté scientifique ; et là où le problème de l'unicité ou de la pluralité des mondes ne semble pas pouvoir être tranché d'un point de vue métaphysique, plusieurs théories physiques récentes supposent l'existence d'univers parallèles, voire requalifient « l'Univers » en « Multivers ». Mais avant d'adopter les modèles de pluralité des mondes que proposent certains physiciens et d'en déduire directement une ontologie, trois réserves de méthode doivent nous inciter à la plus grande prudence. Premièrement, la physique, pas davantage que la métaphysique, ne peut évidemment *observer* des mondes parallèles, et l'on pourrait ici plaider l'impossibilité de toute expérience pour la raison humaine en général ; cet obstacle est toutefois le moins inquiétant, car la physique a aussi de bonnes raisons, c'est-à-dire *des raisons observables*, de chercher à statuer à propos de réalités qui dépassent mais éclairent nos observations. Deuxièmement, les concepts de la physique ne sont pas forcément traductibles dans le langage de la métaphysique, et les énoncés physiques, à condition même qu'ils puissent être compris clairement en dehors de leur contexte scientifique, ne produisent pas forcément d'énoncés métaphysiques cohérents qui leur correspondent. Troisièmement, les modèles cosmologiques proposés en physique visent d'abord à unifier et simplifier les théories physiques existantes, si bien qu'il serait absurde de chercher à en déduire *immédiatement* une ontologie, qui plus est exprimée dans des concepts du langage ordinaire.

Que peut donc nous apprendre la science physique, à l'issue d'un travail de vulgarisation, à propos de l'existence de mondes parallèles ? L'idée de « parallélisme » implique ici que de nombreux mondes existent, mais que ces mondes n'ont aucune interaction entre eux ; autrement dit, ils *font monde* tout seuls parce que nous n'avons pas, en tant qu'observateurs humains, les moyens de les rassembler et de les unifier en un monde plus grand. Car s'ils entraient en relation avec nous, ou si nous parvenions déjà à les observer, nous les inclurions dans un monde davantage totalisant qui ne serait autre que *notre monde*. Dans ce cas, les réalités des autres mondes produiraient des effets, ne seraient-ce que lumineux, dans notre monde, et s'y incluraient ainsi. Nous nous trouvons face à un paradoxe : si tout ce avec quoi nous interagissons constitue notre monde, si tout ce que nous observons constitue notre univers, alors supposer l'existence d'autres mondes, d'un multivers, ne revient pas tant à soutenir une thèse d'ontologie sur la quantité des mondes, qu'à constater que notre monde est aujourd'hui limité par un horizon d'observation et d'action. Dès lors, il faut espérer que cet horizon pourra être repoussé, comme on estime qu'il l'a été sans cesse depuis Copernic, et que se révéleront des potentialités du réel autres que celles qui se sont accomplies autour de nous. Le « Multivers » n'est pas moins une totalité concrète et singulière que « l'Univers », il est *l'Univers élargi, enrichi de possibles que nous ignorons.*

Une espèce historique de mondes parallèles possibles illustre bien ce paradoxe, ce sont les autres planètes ou corps astraux peuplés d'êtres vivants, et surtout d'êtres vivants intelligents, dont nous ignorons l'existence *pour le moment.* Lorsque Fontenelle disserte sur « la pluralité des mondes habités » et propose, en défense des théories physiques de son temps, que la Lune et les planètes que nous voyons dans nos télescopes sont riches de mondes, peuplées de gens aux caractéristiques bien différentes des nôtres et difficiles à imaginer[1], il développe une fantaisie qui paraît tout autant appelée par la nouvelle représentation du monde, issue de la Révolution scientifique, qu'il cherche à exposer, que par la découverte de l'Amérique par les Européens. Puisque des découvertes factuelles ont par le passé entraîné un bouleversement de notre représentation du monde, puisque le progrès des théories scientifiques et des techniques d'observation promettent de nouvelles révélations, l'hypothèse qu'il y a d'autres mondes ne peut qu'être fructueuse : elle nous force à regarder avec scepticisme notre connaissance actuelle limitée des choses et nous donne par la même occasion une leçon de relativisme, en nous conduisant à imaginer ou prévoir

---

1. Fontenelle, *Entretiens sur la pluralité des mondes habités.*

d'autres possibles. Effectivement, rien n'empêche que se développent très loin de nous, sans que nous le sachions, des espèces vivantes extraterrestres, et même des formes d'intelligence égalant ou dépassant la nôtre ; rien n'empêche que des hommes se trouvent un jour en relation avec ces mondes, ou avec ces intelligences ; rien n'empêche même que ces contacts soient belliqueux, et qu'une « guerre des mondes » ait lieu. Quelle que soit l'issue de la rencontre, ces autres mondes s'intégreront au nôtre, qui s'en trouvera à la fois bouleversé et enrichi. De tels événements futurs sont tout aussi *concevables* que n'importe quel événement futur plus ordinaire, même si leur contenu est moins *représentable*. Ils peuvent avoir lieu, mais comment savoir si notre imagination ne se trouve pas prise en défaut lorsqu'elle se demande si la vie dans les autres mondes ressemble à la vie sur notre planète, ou si les intelligences extraterrestres peuvent entrer en communication avec nous ? En l'absence de faits observables, *nous imaginons dans le vague*.

La physique a récemment ajouté à ces anciens mondes peuplés, au fur et à mesure de ses développements théoriques, d'autres niveaux d'univers parallèles, qui renforcent les problèmes épistémologiques que nous venons de rencontrer[1]. Des univers inconnus du nôtre peuvent en effet exister pour la très simple raison que l'espace, lorsqu'on en observe la géométrie, apparaît infini, tandis que l'univers observable ne l'est pas, puisqu'il se trouve physiquement limité par la vitesse

---

1. Nous nous appuyons pour le développement qui suit sur le livre d'A. Barrau, *Des univers multiples, À l'aube d'une nouvelle cosmologie*, Paris, Dunod, 2014 et sur l'ouvrage collectif *Multivers, Mondes possibles de l'astrophysique, de la philosophie et de l'imaginaire*, Montreuil, Éditions la ville brûle, 2013.

finie de la lumière. Un des modèles cosmologiques actuels suppose en outre que l'Univers a connu dès ses premiers instants une « inflation » qui a placé ses parties, à l'origine en contact causal, hors de toute interaction possible, même lumineuse, et a donc rendu pour nous la plus grande partie du réel définitivement inaccessible. Si la lumière n'a le temps de nous parvenir que d'une portion infime de l'Univers, nous sommes nécessairement confrontés à une *limite physique*, qui isole notre monde de plein d'autres. Nous ne perdons pas seulement de vue les autres parties de l'Univers, mais également la forme du tout : un univers si étendu par rapport à ce que nous pouvons en percevoir peut en effet très localement paraître plat, géométriquement infini, alors qu'en réalité il est courbe et fini. Un tel modèle nous donne-t-il le droit de parler de « pluralité des mondes » ? En constatant que la limite de l'observabilité n'implique aucune limite des lois physiques, nous sommes invités à répondre par la négative : l'Univers semble unifié, homogène dans toutes ses parties, et l'on peut supposer que la matière s'y distribue assez uniformément. À l'inverse, l'idée que, dans cet univers si vaste et immense, voire infini, se produisent régulièrement des faits identiques, et que l'on puisse établir des probabilités associées à la production de ces faits, plaide en faveur de la pluralité des mondes, et suggère même qu'existent très probablement, éloignées de nous et inaccessibles, répétées d'innombrables fois, des répliques de notre monde observable. Les physiciens ne s'arrêtent cependant pas là, puisque certains modèles suggèrent que les lois physiques peuvent changer d'un univers à l'autre et sont contingentes. Ce ne sont d'ailleurs pas les lois générales de la matière qui changent, mais plutôt les valeurs des constantes fondamentales de sa composition. Selon les modèles, dans des univers qui pourraient avoir existé avant le nôtre, ou bien se connecter au nôtre à travers les singularités centrales de trous noirs, ou simplement encore se trouver dans des parties éloignées de l'espace, les conditions physiques auraient pu avoir évolué de manière tellement différente selon les univers, que dans certains d'entre eux aucune galaxie, planète, ou encore particule n'aurait été susceptible de se former.

Une autre sorte d'univers parallèles doit encore être mentionnée, qui est cette fois la conséquence de la mécanique quantique, et non plus de la relativité générale. Cette autre multiplicité d'univers est d'ailleurs compatible avec les précédentes, dans la mesure où les mondes qu'elle déploie ne se situent pas dans l'espace et le temps, mais dans un « ailleurs » absolu, en résultant de *bifurcations* dans l'histoire du réel. Les particules élémentaires de la matière, contrairement aux corps du monde macroscopique, peuvent en effet se trouver dans une « superposition d'états », c'est-à-dire avoir simultanément plusieurs modes d'être, par exemple plusieurs vitesses ou plusieurs lieux ; certes, l'observation tranche entre ces modes d'être, et fixe la particule dans un seul de ces états, mais rien n'empêche, comme l'a supposé le premier le physicien H. Everett, que la bifurcation subsiste en dépit de l'observateur, et qu'elle *ouvre deux mondes réellement différents*, dont l'un, celui qui échappe à l'observation, nous demeure ainsi inaccessible. Pour reprendre l'exemple bien connu, on est en droit de considérer, selon ce modèle, que si le « chat de Schrödinger » est mort dans notre monde, il y a désormais un deuxième monde dans lequel il est vivant. En vérité, la mécanique quantique paraît susceptible de mener à deux parallélismes différents : d'une part, un parallélisme d'échelle entre les degrés de la matière, puisque son comportement microscopique n'obéit pas du tout aux mêmes lois que son comportement macroscopique, comme si le macroscopique n'était en rien une *émergence* du microscopique, et comme s'il fallait scinder le réel en degrés indépendants ; d'autre part, des embranchements qui produisent des univers se retrouvant sans lien entre eux, dans d'inconcevables « ailleurs ».

Sans entrer plus avant dans la compréhension des modèles physiques, nous pouvons nous contenter de remarquer que cette prolifération de mondes parallèles n'est ni arbitraire, ni liée à un délire de la science contemporaine ; elle se justifie au sens où la position d'un multivers est la *conséquence nécessaire de modèles* qui cherchent à répondre à des problèmes fondamentaux de physique théorique[1]. Notons toutefois que ces modèles, ainsi que les problèmes qu'ils cherchent à résoudre, sont de nature *mathématique*, et découlent de la valeur problématique de certaines constantes fondamentales. Un exemple parmi d'autres, la compréhension par la relativité générale de la structure de l'espace-temps impose d'analyser l'intérieur des trous noirs, ce qui se fait par un diagramme particulier, dit de « Penrose-Carter » ; l'extension de ce diagramme conduit symétriquement à représenter l'existence, outre celle de notre univers et du trou noir, d'un trou blanc et d'un univers parallèle ; mais rien dans ce cas ne prouve que ce nouvel univers

---

1. Voir J. Grain, « Des univers multiples ? », dans A. Barrau et D. Parrochia, *Forme et origine de l'univers*, *Regards philosophiques sur la cosmologie*, Paris, Dunod, 2010, chap. IX.

ne soit pas seulement un « artefact mathématique » [1].
Sommes-nous dès lors en droit d'accorder un statut
ontologique aux mondes parallèles de la physique ? Nous
butons évidemment sur un obstacle fondamental : si la
position de tels mondes découle de modèles de nature
mathématique, toute *description* de ces mondes dans un
langage autre que celui de la physique sort de ce cadre
mathématique et relève dès lors de l'imaginaire. Certes, la
théorie du Multivers est jugée « falsifiable » en physique,
grâce à des observations dans notre propre univers, qui
est alors conçu comme un exemple d'univers parmi
d'autres ; mais l'hypothèse ontologique d'une pluralité
des mondes ne peut procéder de la même manière. N'est-
il pas vain d'affirmer, en métaphysique, que d'autres
mondes existent, alors que les autres mondes servent
seulement, en physique, d'instruments pour éclairer les
potentialités du réel, au-delà de ce que nous observons ?

LA PLURALITÉ DES MONDES IMAGINAIRES

En somme, notre tentative pour déterminer l'existence
de multiples mondes concrets semble avoir échoué. Cela
ne signifie pas que la pluralité des mondes n'est pas
concevable ; au contraire, sa supposition apparaît comme
un instrument utile pour certaines théories physiques
ou métaphysiques. Mais *affirmer une existence au
profit d'une théorie* n'est pas encore *déterminer une
existence par une théorie* : car les mondes pluriels
dont on a supposé l'existence n'ont pas la consistance
de mondes effectifs. Les mondes nous sont apparus ou
bien, dans le cadre d'une détermination du possible,

1. J. Grain, « Des univers multiples ? », art. cit., p. 150-151.

comme des entités logiques postulées, ou bien, dans le cadre d'une détermination des constantes physiques régissant l'Univers, comme des entités mathématiques postulées ; mais la pensée métaphysique ne parvient dans aucun des deux cas à donner une consistance concrète à ces mondes, pour la simple et bonne raison que ces mondes postulés, s'ils existent, sont coupés de nous et leurs contenus nous restent inaccessibles. Si, à l'inverse, nous accédons à leurs contenus, ils entrent dans notre monde. Seule l'imagination est dès lors en mesure de nourrir la représentation que nous nous faisons de tels mondes, mais *de manière fantaisiste*. Au contraire, « notre monde » possède une certitude d'existence, qui vient de ce que nous sommes en relation effective avec lui, nous percevons ce qu'il contient et agissons en lui. Pour rendre compte de l'intuition selon laquelle la présence signifie l'existence, Sartre parle de « preuve ontologique » : « la conscience est conscience *de* quelque chose », par conséquent, « la conscience naît *portée* sur un être qui n'est pas elle » [1]. Nous tenons, à travers une telle intuition, la démonstration à la fois de *l'existence du monde extérieur*, car le monde extérieur existe par sa présence concrète [2], de *l'unité du monde existant*, car tout ce qui est présent concrètement apparaît similairement, et enfin de *l'unicité au moins subjective du monde*, car ce qui existe dans un « ailleurs » ne peut jamais être concret pour nous. Le monde se définit bien, une nouvelle fois, par sa prétention à être *la totalité exclusive de ce qui peut nous être présent*. Il y a un primat du monde actuel.

---

1. J.-P. Sartre, *L'Être et le néant*, Introduction, V, Paris, Gallimard, 1943, p. 27-29.
2. Pour approfondir la question de l'existence du monde extérieur, voir P. Clavier, *Le Concept de monde*, Paris, P.U.F., 2000, chap. III et IV.

Cependant nous ne pouvons en rester à une réponse aussi tranchée, qui nous replongerait dans les difficultés précédemment vues ; si l'unité exclusive du monde est décidément subjective, alors nous courons de nouveau le risque du solipsisme psychologique, et le monde n'est plus vraiment monde. À l'inverse, nous *savons* que le monde est intersubjectif, qu'il est partagé entre les hommes, qu'il a une dimension sociale et culturelle. Le monde est ce qui contient, à nos yeux d'individus modernes qui reconnaissons à l'humanité une certaine universalité, tout ce qui est humain. Il faut même aller plus loin et accorder que l'humanité n'est pas seulement une réalité composante de notre monde, mais constitue également une *condition de la définition du monde*. Cela, les physiciens l'affirment à travers le « principe anthropique » ; ce principe, tel qu'il a été formulé en sa version « faible » par B. Carter[1], suppose d'une part que les constantes actuelles de l'Univers ont dû permettre, au moins localement, puisque les hommes existent, l'apparition d'observateurs intelligents, ce qui implique de définir une partie très réduite de l'espace total des variations des paramètres de l'Univers comme une « zone anthropique », et d'autre part que toute observation de l'Univers ne peut être faite que depuis un lieu de cette « zone anthropique », c'est-à-dire depuis un point de vue très particulier, ce qui produit un effet de perspective. Autrement dit, le fait qu'il y a des observateurs est observable, et il s'agit d'en tenir compte comme d'un fait physique parmi les autres. Dès lors, il est tentant de

---

1. Cette version faible exclut toute finalité. Voir *Multivers, Mondes possibles de l'astrophysique, de la philosophie et de l'imaginaire*, *op. cit.*, p. 156-162.

corriger la définition précédente, en affirmant que l'unité du monde n'est pas « subjective » mais « anthropique » ; le monde n'est pas unifié par le point de vue d'un sujet particulier qui deviendrait prisonnier de son monde, mais par le fait qu'il est le champ total d'observation des seuls observateurs que nous connaissons, les hommes. Toute description du monde est *anthropologiquement déterminée*, parce qu'elle est faite par des hommes, en termes humains.

Un tel constat risque cependant de s'avérer effroyablement banal, ou au contraire très présomptueux : ne peut-on pas dire de n'importe quelle pensée, de n'importe quelle théorie, de n'importe quelle suite de signes ou sons articulés, que c'est « humain » et « anthropologiquement déterminé » ? Et n'est-ce pas donner beaucoup trop d'importance à l'humain que d'en conclure que « le monde est humain » ? L'affirmation est ainsi périlleuse dans ses deux interprétations extrêmes : ou bien elle conduit à énoncer la tautologie vide que « nous humains ne pouvons avoir d'autre point de vue sur le réel qu'humain », ou bien elle invite à conclure bien trop imprudemment que « le monde est humain parce qu'*il est fait pour les hommes* ». Il existe cependant, entre ces deux voies périlleuses, une interprétation intermédiaire que nous souhaiterions explorer, et dans laquelle pourrait se trouver une clef pour résoudre le problème de la pluralité des mondes : « toute description du monde est humaine, parce que l'homme y met nécessairement de *son imagination* ». Si tel est le cas, on ne peut définir la notion de « monde » sans prendre en compte ce que les hommes ajoutent d'imaginaire à chaque monde. Mieux, cette dimension imaginaire surajoutée au réel perçu, et néanmoins nécessaire pour définir les mondes, constituerait le principe explicatif de la pluralité des mondes, sur fond du monde objectif unique : le monde *serait à la fois un et exclusif*, parce qu'il se présente comme « notre monde » mais il *se multiplierait en mondes* sous l'effet de l'imagination que nous projetons nécessairement sur lui. Précisons que les termes « imagination » et « imaginaire » ont ici un sens très large, proche de celui que l'on trouve chez Pascal : l'imagination est non seulement la capacité que les hommes ont de produire des fantaisies qui divergent du réel, mais encore, et surtout, cette puissance qui « a établi dans l'homme une seconde nature », qui « donne le respect et la vénération aux personnes, aux ouvrages, aux lois, aux grands », en somme qui engendre les *institutions humaines*[1]. Ainsi, notre idée de « monde » ne proviendrait pas seulement d'une conceptualisation liminaire du réel, encouragée par la conviction qu'à l'unité de notre conscience doit correspondre l'unité du monde perçu, mais elle se concrétiserait et s'enrichirait de tout ce que nous mettons dans le réel d'« humain », c'est-à-dire d'« imaginaire ». La question est alors de savoir si le rôle que tient l'imagination dans la production de l'idée de « monde » joue plutôt en faveur de l'existence d'un seul monde, ou bien de plusieurs mondes.

Ne devrions-nous pas cependant, plutôt que de reconnaître le rôle de l'imagination dans la production du ou des mondes, chercher à la neutraliser, pour permettre justement à l'analyse d'accéder à la réalité du monde objectif, dépouillée de toute dimension imaginative ? Jusqu'à présent, l'imagination nous est avant tout apparue

---

1. B. Pascal, *Pensées*, fragment 44 (Lafuma).

comme une faculté trompeuse, au sens où nous n'avons pas de critère pour déterminer, dans les représentations qu'elle élabore, ce qui est effectivement possible et ce qui est seulement fictif. Je peux imaginer que l'allumette va s'allumer toute seule et mettre le feu dans la cuisine, je peux aussi imaginer que l'allumette va s'allumer toute seule et enflammer toute la ville, et je peux encore imaginer que l'allumette va se changer en dragon et dévorer toute la contrée : le même type de mouvement d'esprit, sans m'avertir, m'indique tout autant une potentialité du réel qu'il me plonge dans la fantaisie. Les mondes produits par l'imagination ne sont-ils pas seulement fictifs, fantaisistes ou romanesques ? Il n'est ainsi pas surprenant que ce soient les romanciers qui se livrent prioritairement à la tâche de produire des mondes par l'imagination. Les auteurs de science-fiction n'ont par exemple pas tardé à se saisir de la théorie physique des mondes parallèles, et des possibles imaginatifs qu'elle ouvre, à condition bien sûr que les personnages puissent quitter notre monde et passer dans d'autres univers, que les auteurs ont dès lors toute liberté pour décrire à leur guise [1]. Même les romanciers classiques, il est vrai davantage sensibles à l'analyse psychologique qu'à la spéculation sur les autres mondes, ne peuvent s'empêcher d'éclater l'identité de leurs personnages, de les pluraliser en mondes internes, comme le fait Dostoïevski pour Raskolnikov [2]. S'agit-il pour autant de mondes sans lien avec le réel, exprimant autre chose que l'actuel ? La vérité est plus complexe, comme le montre le cas de

---

1. P. Bayard, *Il existe d'autres mondes*, Paris, Minuit, 2014, p. 51-60.
2. *Ibid.*, p. 94-96.

Kafka : Kafka invente un monde parallèle authentique, en ce qu'il est à la fois cohérent dans son ensemble, et déroutant pour le lecteur, à cause de sa violence et de son arbitraire[1]. Mais le monde qu'imagine Kafka ressemble aux sociétés totalitaires qui se sont développées peu après ; faut-il dire que c'est l'imagination de l'écrivain qui est particulièrement admirable en produisant à elle seule des univers vraisemblables, ou faut-il soutenir plutôt que Kafka a eu une forme de « prescience » de ce qui allait advenir dans le monde, ou encore qu'il a été sensible à des éléments annonciateurs ? Plus généralement, les mondes romanesques ne peuvent-ils pas toujours, tout fictifs soient-ils, être conçus comme une variante possible de notre monde, dans la mesure où ils en révèlent à chaque fois, même en s'en écartant explicitement, quelque potentialité cachée ?

Le risque, à insister de cette manière sur la pluralité des mondes imaginaires, est de concevoir chaque monde, malgré son écart assumé avec le réel, comme une *variante* et, de ce fait, comme une construction de l'esprit produisant au mieux une *interprétation* de notre monde. Mais si d'un autre côté l'imagination est toujours une condition de la production des mondes, alors tous les mondes sont imaginaires, et il n'y a pas d'interprétation du monde objectif qui soit meilleure que les autres. Le monde du physicien vaut le monde du romancier, le monde du polythéiste vaut le monde du matérialiste athée, et les mondes sont *relatifs*. Sauf que ce serait un échec de tout notre travail de détermination de la réalité singulière ou plurielle des mondes que d'admettre une telle relativité : non seulement toute version du monde

1. P. Bayard, *Il existe d'autres mondes, op. cit.*, p. 81-88.

serait alors acceptable au même titre, mais l'idée de
« monde » ne correspondrait plus qu'à des constructions
de l'imagination, certes multiples, mais sans lien avec
un réel « monde ». On peut pourtant comprendre tout
autrement le rôle de l'imagination qui, comme nous
l'avons dit, ne produit pas seulement des fictions pour
l'esprit, mais ajoute aussi au réel objectif un degré de
réel proprement humain. Searle nous invite à clairement
distinguer deux sens du terme « subjectif » : les faits
sociaux ou culturels sont *subjectifs*, parce qu'ils sont
ontologiquement dans les sujets conscients ; mais ils ne
sont pas pour autant épistémiquement relatifs aux sujets,
parce que les sujets ne peuvent pas les traiter à leur guise,
ils sont donc *objectifs* en ce sens. Bref, à côté de l'ontologie
objective du monde matériel, il faut reconnaître une
ontologie subjective composée d'institutions, de normes,
de valeurs ou de faits sociaux[1]. Nous avons affirmé que
cette ontologie subjective est constituée par les représentations de l'imagination humaine, et superposée à
l'ontologie objective primordiale, elle est ainsi reconnue
par les hommes et participe à un *monde imaginaire
commun*, qui ne se pluralise donc pas en mondes divers
au gré des sujets et de leurs caprices imaginatifs. Y
a-t-il dès lors une règle pour identifier les productions
de l'imagination qui participent à la construction du
monde commun, et celles qui divergent vers des mondes
fantaisistes ? Est-il possible de distinguer un *usage social*
d'un *usage fictionnel* de l'imagination, et par conséquent
de différencier les mondes résultant de l'un ou de l'autre
usage ? Nous aurions tendance à affirmer que le *monde*

---

1. J. R. Searle, *La Construction de la réalité sociale*, trad. fr.
Cl. Tiercelin, Paris, Gallimard, p. 13-28.

social et culturel, produit de l'imagination instituante commune aux hommes, est par nature *unique*, tandis que les *mondes fictifs*, produits de la fantaisie de l'imagination, constituent des interprétations multiples, diverses et recevables de notre monde. Il s'agit cependant d'étayer chacune des deux propositions de notre affirmation, et de voir comment elles peuvent se relier l'une à l'autre.

Affirmer tout d'abord que « le monde social » est unique, c'est soutenir que c'est le *même social* que l'on rencontre partout sur notre planète dès qu'il est question d'« humain », et que ses seules limites sont les individus, qui s'y intègrent tout en continuant à revendiquer leur individualité. Pourtant, nous sommes confrontés à la diversité des sociétés à travers les continents ; il est vrai qu'un mouvement de « mondialisation » rapproche peu à peu les pratiques et usages des différentes cultures, mais il est loin d'être achevé et d'avoir produit une société unique à l'échelle de l'humanité. D'ailleurs, on parle également de « mondes » pour désigner, au sein de chaque société, des groupes ou des classes sociales bien différenciées. Par conséquent, n'est-ce pas la seule contingence du progrès de la « mondialisation », accompagné de l'essor moderne d'une idéologie humaniste, qui suggère l'idée qu'*un monde unique se réalise*, à l'échelle de toute l'humanité ? Historiquement cependant, la mise en relation de sociétés qui s'ignoraient a toujours fini par produire un *monde commun*, pensons à la conquête de l'Empire aztèque par les Espagnols, qui a engendré la société créole de la Nouvelle Espagne. Le terme « monde » n'est donc pas synonyme de « société », et si le monde social, même à supposer que plusieurs mondes s'ignorent les uns les autres comme c'était encore le cas il y a cinq siècles, admet que des sociétés divergent en son sein, il n'en perd ni sa prétention à la singularité ni à l'exclusivité.

La différenciation conceptuelle entre « monde » et « société » conduit ainsi à soutenir une forme de *cosmopolitisme logique* : dès qu'il y a de l'humain, malgré les différences sociales, le monde l'englobe. Ce cosmopolitisme logique diffère notablement du *cosmopolitisme idéal* de Kant, selon lequel les sociétés humaines séparées mais amenées, à cause de la taille réduite et de la forme sphérique du monde, à se fréquenter, auraient rationnellement tendance à établir entre elles, au-delà des guerres, des relations de plus en plus pacifiées, jusqu'à produire un ordre mondial[1]. Car la simple idée que les hommes font tous partie du même « monde » n'empêche aucunement les « petites différences »[2] entre les sociétés de s'exacerber, sources de conflits sans fin, si bien que le monde ainsi logiquement conçu se trouve concrètement fragmenté par des obstacles inévitables. Pour autant, la réflexion kantienne met au jour un trait exceptionnel de la rationalité humaine, qui est son aspiration à *idéaliser un universel humain* qui s'accomplisse au sein d'un monde accueillant pour lui, malgré l'absence effective de toute universalité dans notre espèce, qui se trouve définitivement éclatée en multiples communautés. La valeur d'exclusivité accordée au concept de « monde » apparaît ainsi comme une exigence emplie d'humanisme. Réciproquement, les « mondes sociaux » dans leur pluralité ne peuvent véritablement

---

1. E. Kant, *Idée d'une histoire universelle d'un point de vue cosmopolitique*. Voir M. Fœssel, *Kant et l'équivoque du monde*, Paris, Éditions du CNRS, 2008, p. 201-228.

2. Selon l'expression de S. Freud dans *Malaise dans la civilisation*.

faire monde, puisqu'ils contrarient par leur clôture l'unité idéale du genre humain. Certes, il y a, dans une société, « tout un monde » entre les classes défavorisées et « le grand monde » qui la dirige, l'horizon social des individus se trouvant ainsi barré par la différence des classes et des cultures. Mais ces barrières qui se dressent entre les sociétés et en leur sein, renforcées par un travail social de « distinction »[1], sont arbitraires du point de vue de l'idéal d'unité mondaine. Les mondes sociaux ne sont certes pas seulement des métaphores ou des fictions, mais ils ne méritent pas pour autant d'être nommés des « mondes », puisque leur affirmation met chaque fois en échec *l'unité effective du monde commun*.

On pourrait cependant objecter que lorsqu'il est question d'*idéal*, c'est l'unité du monde, et plus précisément son identité à travers le temps, qui risque fort de se trouver brisée. Ceux qui rêvent d'un « monde meilleur » souhaitent en effet que le monde actuel s'abolisse, et que lui succède un monde nouveau, débarrassé de ses vices ; de même, lorsqu'Apollinaire annonce abruptement, en ouverture de son poème « Zone » : « À la fin tu es las de ce monde ancien », il proclame l'instauration du monde *moderne*, en rupture avec la tradition ancrée dans le monde congédié. Or la foi en l'avènement d'un monde nouveau n'est-elle pas une constante des idéologies humaines ? Ce nouveau monde est alors ou bien la prolongation et transfiguration de notre monde, rendue possible par une révolution artistique, politique ou morale, ou bien, plus radicalement, l'avènement d'un monde complètement

---

1. Le concept de P. Bourdieu suggère très bien ce que peut être le travail social de clôture et de différenciation des mondes, cf. *La Distinction, Critique sociale du jugement*, Paris, Minuit, 1979.

autre, comme dans l'idée millénariste du « monde de la rédemption ». Selon Carl Schmitt, ces deux versions de l'avènement d'un monde meilleur ont pour origine commune la pensée gnostique, qui suppose l'inimitié entre le Démiurge qui a créé ce monde mauvais et le Dieu sauveur étranger à notre monde, et donc la violence du passage d'un monde à l'autre [1]. Toujours est-il que ces mondes promis, idéalisés par notre esprit, font surtout ressortir par contraste la décevante loi de l'actuel monde commun.

En somme, « monde social », « monde commun », « Univers », ne sont que des variantes d'appellation pour l'unité concrète qui s'impose à nous par sa présence, et que nous considérons à bon droit comme « notre monde ». Le monde est ainsi composé tout autant du réel physique qu'il contient que des représentations sociales, culturelles et politiques que nous y mettons ; il est à la fois *constitué indépendamment de nous*, et *institué par nous*. Une telle conclusion nous interdit-elle dès lors de considérer sérieusement la « pluralité des mondes » ? Ce serait trop abusivement scinder l'imagination en deux facultés indépendantes, alors que l'imagination institutrice de représentations n'est jamais bien éloignée de l'imagination fabricatrice de fictions. Dans un cas, l'imagination contribue à « fabriquer le monde » en lui surimposant sa dimension humaine, dans l'autre cas, elle contribue à « fabriquer des mondes » en produisant des variations du monde actuel plus ou moins proches [2].

1. C. Schmitt, *Théologie politique (1922, 1969)*, trad. fr. J.-L Schlegel, Paris, Gallimard, 1988, p. 175-177.
2. N. Goodman, *Manières de faire des mondes*, trad. fr. M.-D. Popelard, Paris, Jacqueline Chambon, 1992, chapitre VI, « La fabrication des faits ». Nous consacrons le deuxième des commentaires de texte qui suivent à la doctrine de Goodman.

Or la « fabrication » n'est guère différente dans les deux cas, comme le souligne Goodman : « bien sûr, il faut distinguer la fausseté et la fiction, de la vérité et du fait ; mais nous ne pouvons pas le faire sur la base que la fiction est fabriquée et le fait découvert »[1]. À vrai dire, tout système de signes étant déjà institué, aucune description factuelle n'est absolue, unique, ni ne décrit le monde tel qu'il est indépendamment des hommes ; au contraire, chaque description est une variante *parmi d'autres*, une version correcte ou incorrecte du réel. Puisque le réel ne peut avoir une seule manière d'être, nous faisons vraiment des mondes en faisant des versions du monde, par une théorie scientifique cohérente aussi bien que par une œuvre d'art géniale. Dans la perspective de Goodman, le travail spirituel des hommes contribue donc à pluraliser les versions correctes des mondes et à engendrer les mondes multiples.

Ainsi se dégage une possibilité d'articulation entre l'unité du monde et la pluralité des mondes : le réel en tant que limite de nos différentes versions imaginaires est certainement *un*, si bien qu'*il n'y a qu'un monde* ; mais les différentes versions du monde que nous produisons enrichissent le réel tout en le pluralisant ; et face à ces versions si différentes et parfois incompatibles, tels que le « monde de la théorie des cordes » et le « monde de Joyce »[2], nous comprenons que le monde est *trop riche* pour se réduire à l'unité. La pluralité des mondes fabriqués nous prouve que *le monde est davantage qu'un*.

1. N. Goodman, *Manières de faire des mondes*, *op. cit.*, p. 121.
2. *Ibid.*, p. 13.

HIÉRARCHIES DES MONDES

À la fin de *Tristes tropiques*, dans un élargissement à tonalité existentialiste, Lévi-Strauss s'interroge sur la place de l'homme dans l'Univers, et plus précisément, sur le *sens* que l'homme cherche à donner à ce qui risque bien de n'avoir aucun sens [1]. Lévi-Strauss fait le constat fataliste que « le monde a commencé sans l'homme, et il s'achèvera sans lui »; il y ajoute l'hypothèse pessimiste que l'ordre humain, loin de s'imposer à l'Univers, « travaille à la désagrégation d'un ordre originel et précipite une matière puissamment organisée vers une inertie toujours plus grande et qui sera un jour définitive ». Autrement dit, l'homme ne produit rien dans le monde, parce qu'il n'en est qu'un élément passager, et parce que le monde reste indifférent au sens que l'homme veut lui donner; pour autant, l'action de l'homme n'est pas neutre, elle va même davantage vers une destruction que vers une construction. Pour Lévi-Strauss, l'humanité ne devrait pas être étudiée par une « anthropologie » qui se consacre à ses institutions et à ses œuvres, mais plutôt par une « entropologie », qui examinerait tout ce que l'homme produit dans le monde d'*entropie*, c'est-à-dire de désordre et de désintégration.

La métaphysique n'a pas les moyens de donner raison ou tort à un tel pessimisme existentiel, pas davantage qu'elle ne peut corroborer la pensée religieuse selon laquelle le monde existe *pour* que l'humanité puisse s'y accomplir. Si, comme les autres pensées, elle cherche du sens dans le réel, elle ne peut bien sûr vérifier que ce sens vaille d'un autre point de vue qu'humain. Mais elle

---

1. Cl. Lévi-Strauss, *Tristes tropiques*, dans *Œuvres*, « Bibliothèque de la Pléiade », Paris, Gallimard, 2008, p. 443-445.

doit aussi tirer la conséquence de cette limitation de point de vue, en reconnaissant que l'élément humain est une composante essentielle du monde tel qu'il est pour nous. À ce titre, le monde se trouve unifié par l'idée qui est la nôtre d'universalité de l'humain ; le monde est commun à toute l'humanité, elle en fait son *milieu*, et elle y étend très loin ses observations et son action[1]. L'unité du monde est donc « anthropique », elle ne peut être « subjective », car chaque homme serait dès lors prisonnier de *son* monde, et nous n'avons pas de preuve qu'elle soit « objective », c'est-à-dire que notre monde soit la totalité du réel unifiée par les mêmes lois.

Le monde, s'il est unifié, est-il pour autant, ontologiquement, une *individualité* ? Parce qu'il rassemble tout ce qui se manifeste à nous et parce que toutes ses parties sont au moins liées entre elles par un lien physique, il est sans doute, comme le dit Lewis, un « objet physique » ; pour autant, nous n'avons pas la preuve qu'il possède une structure, qui impliquerait l'interdépendance de ses parties, et qui ferait de lui un réel « *cosmos* ». Le monde est une totalité, mais qui admet une pluralité d'êtres en son sein. Il admet d'abord *une pluralité d'individus*, dont les êtres vivants et les personnes humaines sont les cas paradigmatiques. Si le monde était trop intégrateur, aucune individualité ne pourrait émerger ni se séparer de lui. Les individus, indépendants, sont néanmoins liés au monde comme à un *milieu* qui leur permet d'exister ; ils accordent en retour au monde, par leur multiplicité et leurs différences incompatibles, richesse et variété. Or les individus produisent également une *pluralité de*

1. Bergson considère, dans *Les Deux sources de la morale et de la religion*, que notre corps « va jusqu'aux étoiles ».

mondes. Les vivants découpent dans le monde des milieux propres à leur espèce, et ils en font ainsi leurs mondes ; les hommes varient leurs représentations du monde, en instituant de nouvelles réalités proprement humaines ou bien en découvrant de nouvelles significations aux choses, et ils fabriquent ainsi des mondes. Il n'y a là aucune contradiction entre « unité » et « multiplicité », car « *le* monde », sans être multiple, est davantage qu'une simple unité numérique et accepte la pluralité ; « *les* mondes » quant à eux, tout en produisant des variations et des enrichissements, *s'intègrent* au monde qui, ainsi enrichi, ne peut plus se *réduire* à une seule de ses versions. Penser la pluralité des mondes, c'est donc, de la part d'un individu, résister à l'engloutissement dans un monde homogène ; mais supposer l'unité du monde, c'est aussi reconnaître à l'humanité le droit d'être unifiée.

Nous avons ainsi mis au jour deux tendances de la pensée métaphysique confrontée à la question du monde, l'une à affirmer le primat du monde actuel sur la pluralité des mondes, l'autre à constater la richesse des versions du monde et à en déduire que le monde se trouve au-delà de l'unité. Dans les études de textes qui suivent, nous allons préciser ces deux tendances de pensée à travers deux doctrines qui leur font droit, celle de Leibniz et celle de Goodman.

TEXTES ET COMMENTAIRES

TEXTE 1

LEIBNIZ

Essais de Théodicée, Première partie, § 7 et 8 [1]

7 – Dieu est la première raison des choses ; car celles qui sont bornées, comme tout ce que nous voyons et expérimentons, sont contingentes et n'ont rien en elles qui rende leur existence nécessaire ; étant manifeste que le temps, l'espace et la matière, unies et uniformes en elles-mêmes, et indifférentes à tout, pouvaient recevoir de tout autres mouvements et figures, et dans un autre ordre. Il faut donc chercher la raison de l'existence du monde, qui est l'assemblage entier des choses contingentes : et il faut la chercher dans la substance qui porte la raison de son existence avec elle, et laquelle par conséquent est nécessaire et éternelle. Il faut aussi que cette cause soit intelligente ; car ce monde qui existe étant contingent, et une infinité d'autres mondes étant également possibles et également prétendants à l'existence, pour ainsi dire, aussi bien que lui, il faut que la cause du monde ait eu égard ou relation à tous ces mondes possibles, pour en déterminer un. Et cet égard ou rapport d'une substance existante à de simples possibilités, ne peut être autre chose que

1. G. W. Leibniz, *Essais de Théodicée*, dans *Œuvres philosophiques*, t. 2, Paris, Félix Alcan, 1900, p. 87-88.

l'entendement qui en a les idées ; et en déterminer une, ne peut être autre chose que l'acte de la volonté qui choisit. Et c'est la puissance de cette substance, qui en rend la volonté efficace. La puissance va à l'être, la sagesse ou l'entendement au vrai, et la volonté au bien. Et cette cause intelligente doit être infinie de toutes les manières, et absolument parfaite en puissance, en sagesse et en bonté, puisqu'elle va à tout ce qui est possible. Et comme tout est lié, il n'y a pas lieu d'en admettre plus d'une. Son entendement est la source des essences, et sa volonté est l'origine des existences. Voilà en peu de mots la preuve d'un Dieu unique avec ses perfections, et par lui l'origine des choses.

8 – Or, cette suprême sagesse, jointe à une bonté qui n'est pas moins infinie qu'elle, n'a pu manquer de choisir le meilleur. Car comme un moindre mal est une espèce de bien, de même un moindre bien est une espèce de mal, s'il fait obstacle à un bien plus grand : et il y aurait quelque chose à corriger dans les actions de Dieu, s'il y avait moyen de mieux faire. Et comme dans les mathématiques, quand il n'y a point de maximum ni de minimum, rien enfin de distingué, tout se fait également ; ou quand cela ne se peut, il ne se fait rien du tout : on peut dire de même en matière de parfaite sagesse, qui n'est pas moins réglée que les mathématiques, que s'il n'y avait pas le meilleur (*optimum*) parmi tous les mondes possibles, Dieu n'en aurait produit aucun. J'appelle monde toute la suite et toute la collection de toutes les choses existantes, afin qu'on ne dise point que plusieurs mondes pouvaient exister en différents temps et en différents lieux. Car il faudrait les compter tous ensemble pour un monde, ou si vous voulez pour un univers. Et quand on remplirait tous les temps et tous les lieux, il demeure toujours vrai

qu'on les aurait pu remplir d'une infinité de manières, et qu'il y a une infinité de mondes possibles, dont il faut que Dieu ait choisi le meilleur, puisqu'il ne fait rien sans agir suivant la suprême raison.

DES MONDES POSSIBLES AU MONDE ACTUEL

Pourquoi Leibniz a-t-il recours aux « mondes possibles » ? Qu'apportent ces objets de pensée apparemment bizarres ? S'ils peuvent satisfaire un esprit logicien qui cherche un système général de vérification s'appliquant aux contrefactuels, s'ils peuvent séduire un esprit mathématicien en quête de nouvelles entités abstraites pour enrichir son univers théorique, ne sont-ils pas extravagants pour un esprit métaphysicien qui tente de rendre compte, de la manière la plus générale mais aussi la plus *simple*, de ce qu'il y a ? Et ne peut-on pas supposer que l'introduction dans une ontologie d'entités telles que les mondes possibles risque de rendre cette ontologie foisonnante, voire fantaisiste ? Cependant, l'ambition de Leibniz, en multipliant apparemment les mondes, n'est pas tant d'ajouter des entités au réel, que de résoudre, grâce à un instrument emprunté à la logique, un *problème moral*, qui est celui que formule explicitement le titre complet des *Essais de Théodicée*, c'est-à-dire la question de « *l'origine du mal* ».

Plus précisément, l'existence indéniable du mal dans *ce* monde engage deux problèmes différents, mais fortement reliés entre eux : d'une part, le problème métaphysique de « la liberté humaine », puisqu'il faut bien qu'il y ait une certaine contingence dans le monde pour que les hommes puissent y faire le mal plutôt que le bien, donc le monde doit admettre du désordre et de l'incertitude, plutôt que l'ordre et la détermination ; d'autre part, le problème théologique de la bonté de la Création, puisqu'il faut que Dieu, malgré ou par sa bonté, ait produit un monde qui admet pourtant le mal. Mais la source de ces deux problèmes est unique : pourquoi vivons-nous dans un *monde imparfait*, si nous croyons que ce monde est une *création ex nihilo*, produite par un Dieu parfait ? Une solution classique de la théologie chrétienne, depuis le traité du *Libre Arbitre* d'Augustin, consiste à imputer le mal à l'homme seul, pour éviter de faire de Dieu un artisan malhabile[1]. Dieu a fait notre bien en nous accordant une volonté libre, nous nous écartons du bien, nous faisons le mal, parce que notre volonté est mauvaise. Si nous voyons une contradiction entre la présence effective du mal dans le monde et l'infinie bonté de Dieu, nous ne devons pas aggraver notre faute en la rejetant sur le Créateur mais nous devons admettre que c'est nous qui sommes pécheurs[2]. Malgré tout, cette solution classique a d'emblée quelque chose d'insatisfaisant, d'abord parce qu'elle néglige le mal physique, dont on ne peut considérer l'homme comme auteur, à moins de parvenir à imputer toutes les catastrophes naturelles, toutes les épidémies, à des causes humaines[3], et ensuite parce qu'elle ne permet

1. Augustin, *Le Libre Arbitre*, I, 35.
2. *Ibid.*, III, 18.
3. G. W. Leibniz, *Essais de Théodicée*, § 241 *sq.*

pas de comprendre pourquoi Dieu, qui sait à l'avance ce que les hommes vont faire puisqu'il a prédéterminé tout ce qui a lieu dans la Création, ne nous a pas empêchés de mal agir[1]. L'attribution de la responsabilité du mal aux hommes déplace donc le problème sans l'effacer, puisque la tension entre l'imperfection de la Création et la perfection du Créateur subsiste. Or c'est justement pour résoudre cette tension qu'une pensée des « mondes possibles » s'avère nécessaire : pour déterminer si notre monde est bon ou mauvais, nous devons en effet le comparer à d'autres « mondes », faute de quoi nous n'aurions même pas l'idée de sa perfection ou de son imperfection, mais seulement celle de son inéluctabilité ; et pour reconnaître que notre monde est imparfait, nous devons admettre qu'il contient des faits contingents, donc que des possibles se logent derrière les actions humaines, faute de quoi les lois de Dieu seraient mauvaises, et non les hommes. La spéculation sur les mondes possibles apparaît ainsi comme une pièce essentielle de l'ambitieux « procès de Dieu » que Leibniz met en scène, et qu'il désigne du néologisme de « Théodicée ».

Pour autant, Leibniz n'est pas l'inventeur de la notion plurielle des « mondes possibles ». Cette notion a en effet une origine théologique et cosmologique dans l'idée, médiévale et anti-aristotélicienne, que la toute-puissance divine a un caractère surnaturel qui la rend apte à produire d'autres mondes avec des lois physiques très différentes du nôtre[2]. Or cette idée cosmologique a subi très vite une torsion épistémologique, d'une part lorsque

---

1. Leibniz soulève la difficulté dans le § 2 de la *Théodicée*.
2. J. Schmutz, « Qui a inventé les mondes possibles ? », *Cahiers de philosophie de l'Université de Caen* 42, 2005, p. 11-12.

le « possible » a été restreint, chez Thomas d'Aquin par exemple[1], à tout ce qui n'est pas contradictoire ou chimérique, si bien que la toute-puissance de Dieu ne peut réaliser que ce qui est logiquement possible, d'autre part lorsque le possible logique a été plus tard qualifié de « pur possible », pour désigner le pouvoir qu'a Dieu de réaliser ce qui n'est lié à aucune causalité, sans être pour autant contradictoire[2]. L'intellect humain se trouve dès lors lui aussi doté de la capacité de déterminer ce que Dieu *peut* et *ne peut pas* créer. L'expression « *mundus possibilis* » permet ainsi de désigner la somme de ces possibles logiques, qui ne sont pas des potentialités de la matière et ne préexistent pas dans la nature, mais sont néanmoins pensés dans l'intellect divin, et s'y trouvent donc présents en tant que créables ; il faut bien en effet qu'ils trouvent leur lieu dans l'entendement du Créateur, puisque la création est *ex nihilo*. *La possibilité du monde précède dès lors le monde actuel*[3]. Pour autant, la puissance créatrice de Dieu se trouve-t-elle limitée à la possibilité de produire un seul monde ? Les scolastiques tardifs estiment au contraire que Dieu a la puissance de créer une infinité de « mondes possibles », d'où le développement de la notion au pluriel, même si « l'univers » qui rassemble Dieu et l'infinité des mondes créés ou créables est assurément unique[4].

Qu'hérite précisément Leibniz d'une telle généalogie des « *mundi possibiles* » ? En premier lieu, la notion manifeste avec évidence la toute-puissance de Dieu, qui

1. Thomas d'Aquin, *Somme théologique*, I, q. 25, a. 3.
2. Dans tout ce passage, nous reprenons J. Schmutz, « Qui a inventé les mondes possibles ? », art. cit., p. 16-25.
3. *Ibid.*, p. 25-28.
4. *Ibid.*, p. 29-30.

pouvait créer un autre monde que le nôtre. Le sens de
« possible » est alors clairement logique : il y a des choses
dont l'existence est concevable, qui subsistent donc
dans l'entendement de Dieu, et qui sont par conséquent
créables par lui. Pour autant, si Dieu pouvait créer un
autre monde que le nôtre, c'est donc qu'il a créé *un seul*
monde, le nôtre, et que les autres mondes, non créés,
sont restés à l'état de possibles dans sa pensée. Dans
cette possibilité-là, il n'y a aucune potentialité pour notre
monde, aucun lien avec l'actualité de notre monde ; la
possibilité appartient aux autres mondes, ceux qui n'ont
pas été créés et ne le seront jamais. Une telle interprétation
de la notion de « monde possible » mène naturellement
à deux questions. D'une part, qu'est-ce qui justifie que
ce monde se distingue des autres mondes en n'étant pas
seulement *créable*, mais *créé*, en n'étant pas seulement
possible, mais *actuel* ? D'autre part, si le possible
appartient à d'autres mondes que le nôtre, comment
requalifier la contingence qui affecte notre monde, qui
permet la liberté humaine, et qui est par conséquent à
l'origine du mal ? Pour répondre à la première question,
Leibniz mobilise le « principe de raison suffisante », qui
précède pour lui le principe de causalité, et qui exige
de chaque chose existante qu'elle ait *une bonne raison*
d'exister[1]. Il ne suffit donc pas qu'un événement soit
causé par un autre, encore faut-il qu'il soit rationnel
que cet événement se produise ; Leibniz suppose ainsi,
dans la *Monadologie*, que « les deux règnes, celui des
causes efficientes et des causes finales, sont harmoniques

---

1. Voir V. Carraud, *Causa sive ratio, La raison de la cause, de
Suarez à Leibniz*, Paris, P.U.F., 2002, chapitre v et A. R. Pruss, *The
Principle of Sufficient Reason, A Reassessment*, Cambridge University
Press, 2006.

entre eux » [1] ; or Dieu est évidemment l'auteur de cette « harmonie préétablie », qui fait correspondre les causes aux raisons.

Le principe de raison suffisante est un principe explicatif de notre monde, parce qu'il affirme que l'existence de chaque chose est intelligible ; c'est également un principe théologique, parce qu'il permet de comprendre que Dieu est la raison première des choses, et qu'il y a toujours une raison pour laquelle il a choisi de créer tel possible et non tel autre, selon la sagesse qui lui est propre ; c'est enfin un principe normatif, ou encore moral, voire esthétique, parce qu'il donne un contenu à la rationalité de l'existence des êtres : si les êtres du monde existent, c'est parce qu'ils sont nécessaires pour que ce monde soit le *meilleur des mondes possibles*. La conséquence est que notre monde se trouve ainsi singularisé en tant que « meilleur », quoique n'étant pas « parfait » pour nous qui n'y connaissons guère le bonheur ; parmi les totalités mondaines possibles, il est de ce fait l'unique qui mérite d'exister, et donc qui existe. S'il se produisait un seul événement différent, notre monde actualiserait un monde possible différent, il serait un autre monde, il ne serait plus le meilleur des mondes possibles, et Dieu ne l'aurait pas créé. Tous les événements et toutes les choses de ce monde doivent donc exister pour que ce monde soit le meilleur, pour qu'il soit *ce* monde. Évidemment, ces dernières conséquences soulèvent une énigme que le principe de raison suffisante ne résout pas, et même qu'il rend davantage énigmatique encore. Si notre monde existe, tout y est *déterminé* par la raison première des choses ; comment expliquer dès lors

1. G. W. Leibniz, *Monadologie*, § 79.

que les hommes aient l'impression de la *contingence*, se sentent libres, et fassent eux-mêmes le mal ?

Le texte des paragraphes 7 et 8 de la Première partie des *Essais de Théodicée* s'ouvre justement sur le paradoxe crucial que les choses du monde sont contingentes, alors même que, comme le réaffirme Leibniz de manière éclatante, « Dieu est la première raison des choses ». L'ensemble du texte, à partir de ce paradoxe, constitue un argument unifié, qui se décompose en deux temps. Dans le paragraphe 7, Leibniz part de la contingence des choses du monde pour en déduire que la raison de leur existence n'est pas en elles, mais dans une raison première, extérieure à elles ; il juge que cette régression à Dieu est suffisante comme *preuve* de l'existence et de l'unicité de Dieu. Dans le paragraphe 8, Leibniz effectue un mouvement inverse de pensée de Dieu vers le monde, en concluant que Dieu a nécessairement créé « le meilleur parmi tous les mondes possibles » ; cette déduction de la nature de Dieu à la nature du monde semble à son tour suffisante comme preuve de l'unicité et de la bonté maximale de notre monde[1]. On pourrait soupçonner qu'un tel argument est affecté d'une circularité, puisque la nécessité affirmée de donner une raison aux choses de ce monde conduit à supposer une raison première de leur existence, et l'affirmation de l'existence de cette raison première amène à conclure que les choses de ce monde ont une bonne raison d'exister ; on le voit, le principe de raison suffisante sert de prémisse à chaque étape du raisonnement. Pour autant, celui-ci ne tourne pas en rond,

---

1. P. Rateau, dans *Leibniz et le meilleur des mondes possibles*, Paris, Classiques Garnier, 2015, formalise de la même manière l'argument (p. 79-80).

puisque qu'il vise à sortir du paradoxe initial, en montrant que les choses du monde ont bien une raison d'exister et qu'à ce titre elles sont nécessaires et non contingentes. Leur nécessité découle ainsi de la *singularité* du monde existant par rapport à l'infinité des individus mondains non existants, l'existence empêchant la contingence. Reste à savoir si l'œuvre de Dieu s'en trouve sauvée.

Leibniz part donc de l'impression ordinaire que nous avons que les événements de notre monde sont contingents. Effectivement, nous estimons communément que nous pourrions agir autrement que nous n'agissons, ou qu'un événement a réussi « à un cheveu », ou que nous jouons de malchance, ou que le hasard nous a placés dans une situation embarrassante, ou que le temps qu'il fait est imprévisible, bref que les choses de ce monde, arrivant souvent par surprise, *n'obéissent à aucune nécessité*. Notre conception ordinaire de la « contingence » s'applique à la matière, au concret : est contingent ce qui pourrait être effectivement autre qu'il n'est, ce qui n'est pas déterminé à être comme ceci ou autrement par les lois de la nature. Un caillou chute vers le sol à chaque fois qu'on le laisse tomber, en revanche je peux aussi bien partir à gauche qu'à droite en sortant de chez moi parce que la distance est la même. Leibniz accorde lui aussi, de manière surprenante, que les « choses » du monde sont « contingentes », mais en un autre sens du terme, *métaphysique* et non *physique* : il veut dire par là que ces choses sont privées de raison d'exister lorsqu'on les considère pour elles-mêmes, que rien en elles ne donne prise à la raison. Elles existent pourtant, et il y a une raison pour qu'elles existent : c'est donc *hors d'elles* qu'il faut la chercher. L'idée n'est cependant pas si claire, en premier lieu à cause du terme vague de « chose », que Leibniz emploie pour désigner tous les êtres qui nous entourent, et qui ont en commun d'avoir une existence limitée, d'être matériels, créés, et d'appartenir à notre monde, qu'il s'agisse de corps ou de processus physiques. Pourquoi les êtres matériels n'ont-ils pas une raison intrinsèque d'exister? On pourrait penser qu'un événement est *causé* par un autre, une chose par une autre, et que c'est *suffisant* pour en justifier l'existence : il pleut *parce qu'*il y a des nuages, je lève mon bras *pour* ouvrir la fenêtre, Jean ressemble à Paul *parce qu'*il est son fils et non le fils de Jacques. Les processus matériels qui s'effectuent paraissent ainsi déterminés, ou bien par les lois de la nature, ou bien par nos volontés libres.

Cependant, suffit-il de mettre au jour des causes pour *rendre raison* des choses? S'il pleut parce qu'il y a des nuages, l'absence de nuages n'aurait-elle pas été tout autant justifiée que leur présence? Peut-on rendre raison des êtres par leur matérialité, leur étendue? Pour Leibniz, la matière est « uniforme » et « indifférente », c'est-à-dire qu'elle ne produit aucune raison particulière[1] : il aurait très bien pu y avoir un autre corps, un autre mouvement, une autre forme à la place de ce qui existe. Si les créatures sont *contingentes d'un point de vue métaphysique*, c'est parce qu'elles ne tirent pas de raison d'être de leur nature seule, et donc qu'elles sont aussi *contingentes d'un point de vue physique*. Dans l'appendice de la Première partie

---

1. Y. Belaval, *Leibniz critique de Descartes*, Paris, Gallimard, 1960, p. 524-526. La « matière » est ici prise davantage en son sens cartésien d'« étendue » qu'au sens proprement leibnizien de « force vive ». Par un argument de même nature, Leibniz oppose à Newton que l'espace ne peut être « absolu », parce qu'on ne peut trouver de raison pour laquelle le monde se trouve à tel endroit plutôt qu'à tel autre.

de l'*Éthique*, Spinoza explique notre croyance dans la contingence du monde par notre ignorance des causes qui déterminent les choses et les rendent nécessaires : l'ignorance commence avec ce qui se passe en nous, puisque nous croyons agir librement, selon nos désirs, sans nous intéresser aux causes de nos désirs, et elle se poursuit dans notre lecture de la nature, où nous introduisons, par anthropomorphisme, de la *finalité*. Bref, en négligeant la nécessité du monde, nous préférons croire que des « recteurs de la nature », des dieux qui nous ressemblent, ont tout bien disposé pour que nos désirs puissent être satisfaits et nos actions puissent réussir. Refuser au contraire la superstition, au nom de la raison, c'est pour Spinoza rejeter la contingence du monde, et par conséquent faire coïncider principe de raison et principe de causalité[1]. Pour Leibniz au contraire, le principe de causalité ne signifie rien tout seul, il est insuffisant parce qu'il ne justifie en rien l'existence des choses. Pourquoi la nature a-t-elle produit tel possible plutôt que tel autre ? Une explication mécanique ne saurait répondre.

À partir du moment où le principe de raison est exigible pour comprendre le réel, aucune détermination physique ne peut donc se hisser au rang de nécessité, et toute nécessité ne peut qu'être *rationnelle*, métaphysique. Autrement dit, toutes les créatures existantes doivent être justifiées métaphysiquement, puisqu'elles ne peuvent l'être physiquement ; la raison de leur existence doit dès lors être cherchée au-delà d'elles. Mais auprès de quelle instance trouverons-nous cette justification ? L'ordre du monde, ou la volonté de Dieu ? Si nous

---

1. Pour plus de précisions sur Spinoza, voir V. Carraud, *Causa sive ratio*, *op. cit.*, chapitre III.

justifions ce qui arrive par l'ordre du monde, nous risquons bien de tomber dans l'erreur, dénoncée par Leibniz, du « sophisme paresseux »[1], qui consiste à s'en remettre à un destin aveugle, sans rien entreprendre, ce qui n'est guère rationnel. Quelle est d'ailleurs la justification de l'existence du monde lui-même ? Demander une justification, réclamer l'intelligibilité est le propre d'une intelligence qui cherche dans les choses existantes la marque d'une autre intelligence, créatrice et ordonnatrice. En proposant de définir le monde comme « l'assemblage entier des choses contingentes », Leibniz le prive d'emblée de toute intelligence. Pourquoi en effet une totalité de parties contingentes serait-elle nécessaire en raison ? Quelle serait l'intelligence propre à un tout, qui rendrait intelligibles en retour les parties contingentes de ce tout ? Bref, le monde, en tant que somme des choses créées, ne peut être un principe métaphysique d'intelligibilité.

Nous devons dès lors remonter à Dieu comme raison première et seule justification possible de l'existence du monde et des choses créées. D'une part parce que le Créateur, contrairement aux créatures, est un être *nécessaire*, dont l'essence renferme l'existence[2] : Dieu est donc le seul être qui se justifie par lui-même, sans risque de remonter à l'infini dans la chaîne des raisons. D'autre part, parce que Dieu a créé le monde mais qu'il aurait pu aussi bien ne rien créer ; la question de savoir « pourquoi il y a quelque chose plutôt que rien » *a un sens*, de telle sorte que notre monde, contingent par lui-même, ne trouve une nécessité d'existence que par le geste créateur

---

1. Voir par exemple les *Essais de Théodicée*, I, 55.
2. Voir par exemple le *Discours de métaphysique*, § 23.

de Dieu. Dieu donne donc une raison d'être à toutes les choses qu'il crée, dont le monde, qui est la somme de ces choses ; en les créant, il les rend *nécessaires*. Mais de quelle sorte de nécessité s'agit-il, puisqu'il a été justement affirmé que toutes les choses du monde sont contingentes, physiquement comme métaphysiquement ? La deuxième moitié du paragraphe 7 répond à cette question en opérant un déplacement d'analyse et en procédant à une rapide déduction de la nature de Dieu, à partir du constat que Dieu est la raison première du monde. On ne peut en effet comprendre le monde qu'en comprenant pourquoi Dieu l'a créé, donc en sachant qui est Dieu, et ce que sont ses raisons.

L'argument de Leibniz est *a posteriori*, puisqu'il part de la nécessité affirmée du monde que nous expérimentons pour en déduire, en trois temps, trois perfections de Dieu, et en conclure à la nécessité de son existence et de son unicité. Premier temps, si le monde actuel a été créé, alors même qu'il est contingent, cela implique qu'il existe d'autres mondes possibles que Dieu a choisi de ne pas créer. Ces mondes possibles ne sont pas de simples objets logiques, car « ils prétendent à l'existence » et se posent en rivaux de notre monde, ils tendent à l'actualisation tout comme notre monde. Mais où pourrait avoir lieu cette concurrence entre les mondes, sinon dans l'entendement de Dieu, avant la Création ? Dieu est donc *intelligent*, et même infiniment intelligent, puisque son intellect comprend une infinité de mondes possibles. Deuxième temps, si le monde actuel a été rendu nécessaire, tout contingent soit-il physiquement, c'est qu'il a été créé par Dieu, et que la prétention à l'existence qui était la sienne en tant que monde possible s'est actualisée en monde concret. Puisque Dieu a choisi de réaliser notre monde plutôt que les autres mondes possibles, et qu'il l'a réalisé exactement comme il l'a voulu, il est pourvu d'une « volonté efficace ». Dieu est donc *omnipotent*. Troisième temps, si notre monde existe, cela implique que son existence est justifiée par rapport à celle des autres mondes. Dieu l'a donc créé en raison, il l'a choisi parce qu'il devait le choisir. On doit en conclure que Dieu est *parfaitement bon*. On ne peut cependant en rester à cette désarticulation des perfections divines, qui mettrait à mal la simplicité de Dieu ; puisque la raison d'être de notre monde est *unique*, sa conception, son choix et sa création sont une seule et même chose. Les attributs divins que sont la puissance, la sagesse et la bonté relèvent de la même cause intelligente.

Retournons dès lors, maintenant qu'a été précisée la nature du Créateur, qui justifie l'existence de tout ce qui est créé, *à notre monde*. Le paragraphe 8 s'ouvre sur un déplacement terminologique : il ne suffit pas de dire, puisque Dieu a choisi de créer notre monde, que notre monde est « nécessaire », mais il faut ajouter qu'il est « le meilleur ». Que signifie cet « *optimum* » ? Est-il seulement quantitatif, comme le suggère l'usage du superlatif relatif ? Et *relativement* à quels critères est-il déterminé ? Leibniz a proposé au long de ses textes trois interprétations divergentes de ce qu'est le monde possible le meilleur : il s'agit tantôt du monde qui contient le plus de bonheur pour nous, tantôt du monde qui est le plus riche en réalité, tantôt du monde qui comprend la plus grande variété d'effets avec le minimum de lois. Ce qui est sûr cependant, c'est que ces trois interprétations confirment d'une part que *notre* monde est celui qui accomplit au mieux le plan de Dieu, dans l'absolu, mais d'autre part aussi que la valeur, à la fois esthétique et morale, de meilleur des mondes est établie par une comparaison avec les autres mondes possibles[1]. Le songe fantastique de la pyramide de Pallas, que Leibniz élabore à la toute fin de la *Théodicée*, en témoigne : le monde actuel est « l'appartement » qui constitue la pointe de cette pyramide infinie dont on ne voit pas la base[2]. Par conséquent, il existe une tension logique dans la conception leibnizienne : d'un côté, notre monde est le meilleur *relativement*, mais alors, rien n'empêche qu'il y ait plusieurs meilleurs à égalité, puisque ce « meilleur » est quantifiable et non singularisant, rien n'empêche la pluralité des mondes actuels ; d'un autre côté, il faut que *ce* monde, parce qu'il est le meilleur, soit *le seul* meilleur monde, et qu'il existe un seul monde, malgré la prétention à l'existence de tous les mondes possibles. L'unicité de Dieu, démontrée à la fin du paragraphe 7, suppose en effet une unique raison, un unique choix et un seul geste créateur ; l'unicité du monde doit lui correspondre. Cependant, la définition du monde comme « l'assemblage entier des choses contingentes » semble encore insuffisante pour conférer une unité structurelle au monde actuel : un « assemblage » est davantage une contiguïté, un collage d'éléments extérieurs les uns aux autres, qu'une continuité dotée d'une structure interne.

Voilà pourquoi Leibniz ajoute, au cours du paragraphe 8, deux arguments pour assurer l'exclusivité du monde. Le premier argument est de forme *mathématique* et consiste à montrer que notre monde, puisqu'il existe, est le seul meilleur monde. On peut en effet

1. P. Rateau, *Leibniz et le meilleur des mondes possibles*, op. cit., p. 77-100.
2. *Essais de Théodicée*, III, 414-417.

établir, par l'absurde, que s'il y avait une pluralité de meilleurs mondes possibles, Dieu *n'en aurait créé aucun*, et qu'il n'y aurait alors « rien plutôt que quelque chose ». Déjà, Dieu ne peut pas faire moins bien que le meilleur, car faire moins bien serait faire mal. S'il y avait plusieurs mondes meilleurs à égalité, en choisir un serait comme négliger les autres, et donc ne pas faire en tout le mieux. Pire, Dieu ne saurait lequel choisir, serait affecté d'indifférence, d'indécision ; pour avoir une raison de décider en effet, il faut un point de détermination, un *minimum* ou un *maximum* qui se distingue de la continuité indifférente[1]. Le meilleur ne peut donc être qu'un maximum, *singularisé* tel le sommet de la pyramide de Pallas. À cette preuve de nature mathématique, Leibniz ajoute un argument proprement conceptuel, qui résulte de la définition classique du monde comme « totalité de tout ce qui existe », ou encore, dans les termes du texte, comme « toute la suite et toute la collection de toutes les choses existantes ». Dans la mesure où le monde est, par définition, ainsi *totalisant*, un autre monde ne pourrait coexister à ses côtés : le monde remplit tout l'espace en comprenant toute la matière, il remplit également tout le temps en rassemblant la suite de tous les événements qui affectent le réel depuis la Création, il correspond donc par définition à la totalité de ce que Dieu a créé. Notons que cette prétention logique à l'exclusivité n'assure en rien l'unité interne du monde, puisqu'une collection peut juxtaposer des objets sans relation entre eux, une suite peut accumuler des événements sans liens. Davantage, l'unité exclusive du monde, qui « remplit » le temps

---

1. M. Serres, *Le Système de Leibniz et ses modèles mathématiques*, Paris, P.U.F., 1990, p. 200-206.

et l'espace, ne contrarie pas pour autant la pluralité des mondes possibles, puisque l'espace, le temps et la matière restent marqués par la contingence, et que Dieu aurait pu les remplir et les organiser d'une infinité de manières. Certes, notre monde existe, contrairement aux autres mondes possibles qui prétendent à l'existence sans exister, mais le principe de cette singularité est une nécessité morale *a priori*, extérieure à l'être infini de notre monde.

Dans le paragraphe 9, qui se présente comme un ajout argumentatif au raisonnement précédent sur la singularité du monde existant, Leibniz dote enfin le monde d'une cohésion interne, en réaffirmant le principe métaphysique selon lequel « tout est lié dans chacun des mondes possibles ». Comment expliquer un tel principe de *relativité générale*, qui signifie que chaque chose est liée à toutes les autres, que chaque événement implique tous les autres ? Leibniz utilise la métaphore célèbre de l'océan, pour lequel les remous et les vagues s'étendent de proche en proche, quoique perdant progressivement de leur vigueur en s'éloignant ; de même, chaque événement du monde a des répercussions sur ce qui l'entoure, et se déploie comme une onde jusqu'aux limites du monde. Ce principe de constitution du monde explique donc qu'il soit « tout d'une pièce », que des événements très anciens aient encore des effets aujourd'hui, que des événements très lointains finissent par nous influencer ici. Mais un tel principe a également des conséquences très importantes pour les individus et leur lien au monde : les individus se trouvent en effet subordonnés au monde, par le fait que les substances *dépendent* de leurs relations. L'être d'Alexandre le Grand se trouve ainsi déterminé par tous les événements qui lui sont arrivés, mais aussi par

tous les autres événements de l'histoire qui sont liés aux
précédents. Voilà pourquoi « chaque substance singulière
exprime tout l'univers à sa manière », c'est-à-dire
depuis son point de vue individuel sur le monde[1]. Une
caractérisation logique découle dès lors de cette liaison
universelle de toutes les parties du monde entre elles, à
propos de l'identité des mondes et de l'unité numérique
du nôtre : si chaque monde est un tout infini de choses
reliées, une seule modification au sein d'un tout où tout
se trouve relié produit un autre monde. Par conséquent,
« rien ne peut être changé dans l'univers » et *notre monde
est une suite nécessaire.*

Chez Leibniz, l'idée des « mondes possibles » nous
instruit donc avant tout sur *la réalité du monde actuel.*
Notre monde est concrètement contingent, mais cela ne
veut pas dire que la raison n'y règne pas et que tout n'y obéit
pas à une *nécessité d'ordre moral*, celle que Dieu impose
au monde. La réflexion sur les autres mondes possibles,
ceux qui prétendent à l'existence mais que Dieu n'a pas
créés, nous suggère ainsi que notre monde est seulement
un monde contingent parmi les mondes contingents ;
d'un autre côté la réalisation de ce monde confirme qu'il
est le meilleur des mondes possibles et qu'il ne pourrait
être autrement qu'il n'est. Une telle réarticulation des
concepts de « contingent » et de « nécessaire » permet
dès lors la résolution du problème fondamental posé par
les *Essais de Théodicée*, puisque la contingence prise
en son sens physique, n'entre pas en contradiction avec
la nécessité prise en son sens moral. Certes, les décrets
de Dieu ne sont pas contingents, ni l'ordre immuable
qu'il a fixé au monde, faute de quoi nous serions dans

1. G. W. Leibniz, *Discours de métaphysique*, § 8 et 9.

un autre monde que celui dans lequel nous sommes et nous tomberions dans la contradiction. Pour autant, nous humains, qui ne connaissons que confusément l'ordre du monde, naviguons dans le brouillard et faisons réellement face à la contingence imposée par notre condition : pour nous, les choses pourraient être autres qu'elles ne sont, et aucune nécessité absolue ne nous force par conséquent à agir. De ce fait, nous voilà responsables des actions que nous pensons commettre librement, et du mal que nous faisons effectivement. Nous sommes au fond victimes de notre confusion, de notre inattention au monde et à son ordre, de notre paresse d'esprit, qui fait que nous ne cherchons pas à accorder notre volonté à l'ordre du monde [1].

Le problème des « mondes possibles » est qu'ils nous apparaissent encore plus confus que le réel qui nous entoure. Ils constituent il est vrai un signe de la puissance de Dieu et nous invitent à envisager avec optimisme le monde dans lequel nous vivons. Mais leur postulation ne nous enseigne rien de clair sur l'être du monde. Nous ne pouvons avoir qu'une conception vague de ce qui se passe en eux, et la vie concrète que nous menons nous reconduit sans cesse à la présence du monde unique existant [2]. Les mondes possibles sont dès lors des objets paradoxaux : ils constituent d'un côté une échappée, une ouverture vers ce qui se trouve au-delà de notre monde, vers Dieu, avec le risque de tomber dans les brumes de l'imagination et de la chimère, si nous cherchons par exemple à imaginer un monde qui serait absolument

1. *Essais de Théodicée*, III, 327.
2. V. Carraud, *Causa sive ratio*, *op. cit.*, p. 494-495.

heureux ou un monde romanesque[1] ; d'un autre côté, ils font signe vers notre monde et nous y ramènent toujours, comme si nous devions être à la fois limités et accomplis par la présence du monde, présence heureuse, mais dont nous devons prendre toute la mesure.

1. *Essais de Théodicée*, I, 10.

TEXTE 2

GOODMAN

Manières de faire des mondes, I, 6, « Relative réalité » [1]

Toute cette folle prolifération des mondes ne nous invite-t-elle pas maintenant à revenir à des jugements plus sains ? Ne devrions-nous pas arrêter de parler de versions correctes comme si chacune était, ou avait, son propre monde, et ne devrions-nous pas plutôt les reconnaître toutes comme versions d'un seul et même monde neutre et sous-jacent ? On le remarquait plus haut, le monde ainsi reconquis n'a plus ni genres, ni ordre, ni mouvement, ni repos ni structure – c'est un monde qui ne mérite pas plus qu'on lutte pour que contre lui.

Nous pourrions pourtant considérer le monde réel comme l'une (parmi les autres en concurrence) des versions correctes (ou groupes d'entre elles reliées ensemble par un principe de réductibilité ou de traductibilité), les autres étant alors des versions de ce même monde telles qu'on pourrait rendre compte de leurs différences par rapport à la version standard. Le physicien tient son monde pour réel, il attribue les suppressions, additions, irrégularités et accentuations des autres versions aux

1. N. Goodman, *Manières de faire des mondes*, trad. M.-D. Popelard, Paris, Jacqueline Chambon, 1992, p. 29-31.

imperfections de la perception, aux urgences de la pratique, ou à la licence poétique. Le phénoménaliste tient le monde de la perception pour fondamental, et les suppressions, abstractions, simplifications et distorsions des autres versions résultent d'intérêts scientifiques, pratiques ou artistiques. Pour l'homme de la rue, les versions des sciences, de l'art et de la perception, s'écartent de manières multiples du monde familier et commode qu'il s'est construit de bric et de broc avec des morceaux de tradition scientifique et artistique, et où il lutte pour sa propre survie. Le plus souvent, c'est ce monde qu'on juge réel ; car la réalité dans un monde, comme le réalisme dans une peinture, est en grande partie affaire d'habitude.

Curieusement, notre passion pour *un* monde est alors satisfaite de *multiples* manières différentes, à des différents moments et pour des buts différents. Il n'y a pas que le mouvement, la dérivation, la pondération ou l'ordre qui soient relatifs ; la réalité l'est aussi. Que les versions correctes et les mondes réels soient multiples n'oblitère pas la distinction entre versions correctes et incorrectes, ne permet pas d'admettre comme simplement possibles les mondes qui répondent à des versions incorrectes, et n'implique pas que toutes les solutions de rechange correctes soient également bonnes pour tout dessein, ou juste pour certains. Pas même une mouche ne saurait prendre l'extrémité de ses ailes pour un point fixe ; nous n'accueillons pas les molécules et les phénomènes concrets à titre d'éléments dans notre monde quotidien ; nous ne mélangeons pas les tomates, les triangles et les machines à écrire, les tyrans et les tornades dans un seul genre ; le physicien ne prendra rien de tout cela parmi ses particules élémentaires ; le peintre qui voit les choses comme les voit l'homme de la rue aura un succès plus populaire qu'artistique. Et le même philosophe qui ici contemple métaphilosophiquement une vaste variété de mondes trouve que seules les versions qui font face aux réquisits d'un nominalisme obstiné et déflationniste respectent son projet de construction de systèmes philosophiques.

Ce n'est pas tout. Alors qu'admettre des mondes rivaux est si facile que cela peut être libérateur et suggérer de nouvelles voies à explorer, le consentement à accueillir tous les mondes ne construit rien. Reconnaître simplement les nombreux cadres de référence valables ne nous fournit aucune carte des mouvements des corps célestes ; accepter que des fondations différentes puissent être choisies ne produit aucune théorie scientifique, ni aucun système philosophique ; être avisé des diverses manières de voir ne peint aucun tableau. La largesse d'esprit ne saurait se substituer au dur labeur.

L'INÉLIMINABLE PLURALITÉ DES MONDES

Contrairement à Leibniz, Nelson Goodman refuse de *réduire* la pluralité des mondes conçus à l'unité du monde présent. Pour Leibniz, les mondes pensés relèvent du possible, ils sont pluriels, mais ils n'accèdent pas à la création que Dieu réserve à notre monde seul; pour Goodman, les différentes versions du monde, qui *constituent* des mondes, existent *réellement*. Mais que signifie une telle « existence » ? Ne joue-t-on pas sur les mots en affirmant qu'une interprétation du monde, ou une vision du monde, *produisent* un monde, alors même que cette interprétation ou cette vision portent évidemment sur *ce* monde ? Et n'avons-nous pas d'ailleurs l'impression forte que *seul* notre monde existe ? Il semble bien que ce soit en partie pour justifier cette impression forte que Leibniz a repoussé la contingence de notre monde vers des mondes possibles non existants et définitivement confus pour nous, et qu'il a au contraire insisté sur la nécessaire actualité du monde dans lequel nous existons. Goodman, quant à lui, examine avec une distance teintée de scepticisme cette question de l'unité ou de la pluralité des mondes que nous souhaitons à toute force trancher. La perspective qu'il adopte pour la traiter est davantage « *métaphilosophique* » que *métaphysique*, au sens où il s'agit avant tout d'interpréter des concepts « tels que "réel", "irréel", "fictif", "possible" », auxquels nous avons fait appel[1]. Notre impression que seul notre monde existe a certes une valeur d'impression, mais peut-être pouvons-nous la restituer par plusieurs thèses tout aussi convenables, et pas seulement en soutenant dogmatiquement que « notre monde seul existe ». Plus largement, nous devons nous méfier de la traduction de notre expérience par des concepts qui sont sans doute davantage *relatifs* que nous le pensons.

Dès lors, il se peut très bien que la question générale qui nous anime soit une *fausse question*, non pas tant parce que, comme le dit Kant, la raison se trouverait prise en défaut lorsqu'elle cherche à donner une unité objective au monde, mais, bien plus simplement, parce que des concepts que nous mettons en contradiction peuvent sous d'autres usages se révéler compatibles. Ainsi, Goodman affirme que « s'il n'existe qu'un seul monde, il doit embrasser une multiplicité d'aspects contrastés, s'il y a plusieurs mondes leur regroupement est un », ce qui ne pose pas de problème philosophique particulier s'il s'agit seulement de constater que le monde nous offre une immense richesse d'expériences, que ces expériences proliférantes ont du mal à s'intégrer en une structure unifiée, que nous avons par conséquent tendance à les structurer selon plusieurs systèmes indépendants de pensée, mais qui pour autant relèvent *in fine* de l'unité supérieure de l'expérience. L'expérience est variée, sans être pourtant écartelée en mondes multiples par sa variété. La contradiction entre la thèse de l'unité du monde et

---

1. N. Goodman, *Manières de faire des mondes, op. cit.*, I, 2, p. 10.

celle de la pluralité des mondes se trouve ainsi résolue, « le monde unique peut être appréhendé comme multiple ou les mondes pluriels comme un », si bien que « l'un et le multiple dépendent de la manière d'appréhender ». Au fond, nous privilégions l'une des deux thèses *relativement à* ce que nous voulons exprimer, l'ordre structurel ou au contraire le foisonnement de ce qui nous entoure.

Mais en rester là serait se contenter d'un pur *relativisme* des perspectives et adhérer à l'idée que chaque homme a sa vision particulière du monde, et qu'il n'y a pas à discuter de la légitimité des différentes visions, puisque nous sommes tous pris dans *une* représentation particulière, ce qui nous rend juges et parties pour évaluer celle des autres. Sauf qu'une perspective « métaphilosophique » n'est pas une perspective relativiste stérile conduisant à ne se prononcer sur rien, au nom de la diversité irréductible des opinions et des représentations ; au contraire, celui qui adopte, comme Goodman, une position de recul sur les différentes versions du monde *constate* que les mondes *sont effectivement pluriels*, et déjà parce que le monde de celui qui voit tout le réel structuré en un seul monde *n'est pas le même* que le monde de celui qui fait pulluler les mondes. Cependant, la tâche philosophique qui découle d'un tel constat est dès lors ardue : d'abord, il faut faire droit à la pluralité des mondes, et développer une ontologie dans laquelle les différentes versions du monde *sont* réellement des mondes, ce qui pose le problème de la nature de tels « mondes » ; ensuite, une telle ontologie doit rendre acceptables et compatibles différentes thèses ou différentes versions du monde apparemment incompatibles, du moins dans le langage ordinaire ou philosophique, à moins qu'elle ne prenne pour acquise l'incommunicabilité entre les hommes et entre les mondes ; enfin, il s'agit de ne pas perdre de vue le réel au-delà des représentations, comme si le monde concret se réduisait aux versions que nous en produisons.

Un des programmes que s'assigne Goodman, dans *Manières de faire des mondes*, et plus largement dans l'ensemble de son œuvre, est, selon ses termes, « *constructionniste* » : son ambition est d'élaborer un système logique, le plus simple et le plus rationnel possible, qui nous permette, une fois élaboré, de rendre compte du monde tel qu'il nous apparaît, bien mieux que ne le fait le discours de sens commun, chargé d'indéterminations et de confusions [1]. Un tel travail, que Goodman mène dans le livre fondateur pour sa pensée, *La Structure de l'apparence*, et dont il tire les conséquences dans ses autres œuvres, possède une dimension *métalogique*, puisqu'il pose la question de la compatibilité du système obtenu avec d'autres systèmes ou pensées philosophiques, voire de la résorption de ces autres pensées dans un langage universel [2]. Dans la *Structure de l'apparence*, Goodman préfère ainsi développer un système « phénoménaliste », tout en affirmant qu'il n'est pas certain que ce système puisse expliquer le monde physique, qu'il s'agit sans doute d'une explication seulement partielle, et qu'il n'y a pas de preuve qu'il soit plus simple ou davantage primordial qu'un système « physicaliste ». Cependant, en choisissant les termes primitifs de son système, même arbitrairement, Goodman ne procède-t-il pas à un choix d'*ontologie* ? Tel est le problème qui semble se poser à toute entreprise

---

1. J. Morizot et R. Pouivet, *La Philosophie de Nelson Goodman*, Paris, Vrin, 2011, p. 99-101.
2. Sur ces questions, voir N. Goodman, *La Structure de l'apparence*, trad. fr. J.-B. Rauzy *et al.*, Paris, Vrin, 2004, IV, 4 et XI, 5.

constructionniste : la construction tente de tout reprendre logiquement à zéro, c'est-à-dire de congédier le langage ordinaire et de s'écarter de lui en exprimant les choses dans un langage plus simple, économique, rigoureux ; un tel langage devrait donc se situer au-delà des idéologies, des représentations métaphysiques, et ne devrait pas *s'engager* ontologiquement, en respectant la formule de Quine : « être, c'est être la valeur d'une variable »[1]. Cependant, tout logicien n'est-il pas pris dans le bateau du langage, « bateau que nous ne pouvons reconstruire qu'en mer alors que nous y sommes passagers »[2], et forcé par conséquent de travailler *au cœur* d'une ontologie? Le problème se pose aussi bien chez Goodman que chez Quine, vu qu'ils ont rédigé ensemble un article défendant un nominalisme austère, et affirmé qu'ils ne croient pas aux entités abstraites et y renoncent[3]. Goodman peut-il défendre jusqu'au bout un nominalisme qui soit purement syntaxique, comme lorsqu'il affirme que « le nominaliste n'admet que les individus, mais il peut prendre n'importe quoi comme un individu »[4], et qui ne devienne pas une ontologie?

La question purement technique que nous venons de soulever n'en a pas moins des conséquences directes sur le problème de l'unité du monde. Car chercher à *traiter* ce problème signifie certainement s'engager

1. W. V. O. Quine, « De ce qui est », dans *Du point de vue logique*, trad. fr. S. Laugier *et al.*,Paris, Vrin, 2003, p. 43.

2. Quine emploie souvent l'image du « Bateau de von Neurath » ; voir pour la citation *Relativité de l'ontologie et autres essais*, trad. fr. J. Largeault Paris, Aubier, 2008, p. 144.

3. Voir le début de N. Goodman et W. V. O. Quine, « Steps Toward a Constructive Nominalism », *in* N. Goodman, *Problems and Projects*, Indianapolis, Bobbs-Merrill, 1972, p. 173.

4. N. Goodman, *La Structure de l'apparence, op. cit.*, p. 52.

ontologiquement, et donc trancher entre les ontologies ; mais on peut aussi apparemment *se prononcer* sur ce problème en construisant seulement un métadiscours qui n'adhère pas à une ontologie contre une autre, mais qui se situe au-delà des ontologies et les rend valables, ou à l'inverse les congédie. Or il est bien difficile de séparer ces deux sortes de réponse. Ainsi, lorsque Goodman affirme qu'« il n'y a rien de tel que le monde réel, aucune réalité unique, toute faite et absolue, distincte et indépendante de toute version comme de toute vision »[1], on peut comprendre tout aussi bien qu'il adhère à une ontologie proche de celle de Protagoras, en rendant le réel relatif à nos pensées et nos langages et en affirmant explicitement la non-existence du monde objectif, ou au contraire qu'il adopte une position de surplomb sur les ontologies, en constatant que le monde réel n'est jamais directement accessible, mais qu'il est toujours perçu au prisme d'une version donnée. D'autant que Goodman précise dans la phrase qui suit qu'« il y a plutôt de nombreuses versions du monde correctes, certaines d'entre elles irréconciliables avec les autres » : si certains mondes sont « corrects », est-ce parce qu'ils tirent leur « correction » de la relation au réel existant hors d'eux, ou bien parce qu'ils sont seulement cohérents et simples syntaxiquement ? Le monde réel, même s'il ne se dit jamais comme tel, est-il néanmoins là pour valider certaines versions contre les autres ? Cette oscillation entre deux explications possibles de la pluralité des mondes, l'une ontologique, l'autre métalogique, se retrouve dans la sixième section du premier chapitre de

---

1. N. Goodman, *L'Art en théorie et en action*, trad. fr. J.-P. Cometti et R. Pouivet, Paris, Gallimard, 2009, p. 38.

Manières de faire des mondes, intitulée de manière fort ambiguë « Relative réalité ». Dans ce texte, Goodman soutient clairement que « les mondes réels sont multiples », et on comprend qu'ils le sont parce que les « versions du monde » le sont également. Reste à savoir si Goodman ne fait pas en réalité usage de deux concepts de « monde » différents, l'un qui renvoie à la variété des interprétations du réel que nous fabriquons, et qui engendrent autant d'ontologies, l'autre à ce réel qui nous échappe toujours, et qui permet que certains mondes soient corrects et d'autres ne le soient pas.

Notre texte s'ouvre sur le constat de la « folle prolifération des mondes », constat certes séduisant pour un métaphysicien imaginatif, mais effrayant pour un nominaliste austère. Dans son article fondateur « De ce qui est », Quine juge « les univers surpeuplés déplaisants » et invite à « raser les bidonvilles [ontologiques] » ; car celui qui ajoute au réel empirique des étages d'entités abstraites ou non existantes, comme par exemple les possibles, non seulement « offense le goût esthétique » mais court le risque d'inclure « des éléments fauteurs de troubles »[1]. Le nominaliste, en n'admettant qu'un seul élément primitif dans son système de description du monde, des individus, n'est pas en danger, lui, de sombrer dans la folie des objets abstraits ou possibles. Il simplifie au contraire le discours sur ce qui existe. Son esthétique est minimaliste, telle un morceau de Philip Glass. Au sein de l'ontologie, c'est-à-dire de la description du monde, le programme nominaliste a ainsi l'ambition de parvenir à la plus grande économie et simplicité. Mais la prolifération ontologique paraît encore bien

1. W. V. O. Quine, « De ce qui est », art. cit., p. 28-29.

plus menaçante lorsque les ontologies elles-mêmes se mettent à se multiplier, à pulluler et à diverger. Dans ce cas, le philosophe minimaliste se trouve noyé sous les descriptions possibles du monde, avec la « saine » tentation, ou bien de reconduire toutes ces descriptions à une seule, érigée en *unique description objective* du monde, ou bien de déterminer, à partir d'une *règle objective* inspirée par le réel, quelles sont les descriptions qui sont correctes et quelles sont celles qui sont fautives, fantaisistes, ou contradictoires. Ainsi peut-on juger que le monde d'un mauvais roman de science-fiction est non seulement éloigné du monde réel, mais incohérent en lui-même ; à l'inverse, le monde de Shakespeare, tout plein de merveilleux soit-il, nous éclaire sur l'humaine condition.

Pour autant, soutenir qu'il y a une seule description objective du monde serait faire preuve d'une crédulité métaphysique de mauvais aloi, d'autant plus depuis que Kant a montré que la métaphysique est une « arène » dans laquelle aucune théorie n'est jamais parvenue à définitivement s'imposer, ni même à triompher une seule fois contre une autre[1]. Au contraire, la pluralité des théories et des versions du monde est irréductible, non seulement en métaphysique, mais même dans les différentes sciences, et entre les grands domaines de la pensée, et cette pluralité entraîne variétés et conflits, sans que nous soyons honnêtement en mesure de trancher entre toutes ces versions, ni même parfois de les comparer. « Nous ne disposons pas de règles toutes prêtes pour transformer physique, biologie ou psychologie l'une

1. Voir la Préface à la deuxième édition de la *Critique de la raison pure*.

dans l'autre, ni d'aucune façon de transformer l'une
en la vision de Van Gogh, ou la vision de Van Gogh en
celle de Canaletto »[1]. Et même si parfois des versions
du monde s'opposent au sein d'un conflit théorique, elles
ne manquent pas forcément de cohérence intrinsèque ni
même de qualités pour la pensée. On a donc l'impression
qu'il faille renoncer au mythe de la description objective,
et admettre qu'il y a plusieurs descriptions correctes,
plusieurs versions correctes du monde. Une description
engage en effet une version, et donc une conception
subjective du monde.

Cette question de la relativité des théories ou des
visions concerne cependant en premier lieu l'histoire des
sciences ou celle des arts ; elle ne commence vraiment à
poser un *problème métaphysique* qu'à partir du moment
où l'on considère, comme l'a fait Goodman juste avant
notre texte, que chaque version correcte *fait monde* ou
encore « a » son propre monde. À première vue, on ne
voit pas bien ce que peut apporter un tel énoncé, puisque
de tels « mondes » semblent être de nature subjective,
sans être réellement des mondes. Ainsi, il existe le monde
réel, mais chaque homme a aussi, subjectivement, une
certaine représentation de ce monde, ce qui produit une
pluralité de versions. Certaines sont d'ailleurs culturellement mieux implantées que d'autres, et chacun ne
produit pas sa version du monde à partir de rien. En tout
cas, elles diffèrent, et un paranoïaque, par exemple, vit
dans un monde où les complots grouillent, sa paranoïa
tient justement à ce qu'il rend son monde très cohérent
et qu'il le tient pour nécessairement correct, tandis qu'un
rêveur peuple le monde de douces fictions, à partir de
situations réelles qu'il a rencontrées. Mais quel serait

1. N. Goodman, *Manières de faire des mondes*, op. cit., I, 2, p. 11.

dans ce cas le « *monde réel* » sous-jacent aux différentes versions du monde ? Si l'on fait abstraction de toutes les versions subjectives du monde, que reste-t-il ?

Le problème est le suivant : si l'on refuse de considérer que les versions du monde sont des mondes, ou produisent des mondes, c'est parce que l'on suppose l'existence d'un « monde objectif » que viennent recouvrir les mondes subjectifs que nous produisons. Mais une telle supposition ne se justifie nullement, selon Goodman, parce qu'un tel « monde objectif » n'est rien sans les mondes qui le recouvrent, et voilà pourquoi les mondes sont réellement multiples. Autrement dit, il n'y a pas un *donné empirique* tout fait que nous conceptualiserions et décririons ensuite de différentes manières ; et il n'y a pas non plus une description meilleure que les autres d'un tel donné, il n'y a pas de version « neutre », non orientée, non subjective, qui *correspondrait* au monde réel. Dans *Faits, fictions et prédictions*, Goodman radicalise son nominalisme jusqu'à refuser que les prédicats fassent référence à des propriétés naturelles. Nous croyons qu'il existe des catégories naturelles que nous retrouvons en constatant des ressemblances dans la nature, alors même que c'est nous qui découpons arbitrairement ces catégories. Selon le célèbre exemple, les choses ne sont pas *naturellement* « vertes » ou « bleues », puisque nous aurions très bien pu, si l'usage conceptuel avait été différent, les trouver « vleues » ou « blertes »[1]. Aucune de ces deux conceptualisations n'est meilleure que

---

1. N. Goodman, *Faits, fictions et prédictions*, « La nouvelle énigme de l'induction » et « Vers une théorie de la projection », trad. fr. Y. Gauthier, revue par P. Jacob, Paris, Minuit, 1984, p. 76-127. Voir J. Morizot et R. Pouivet, *La Philosophie de Nelson Goodman, op. cit.*, p. 114-120.

l'autre, car, pour Goodman, la vérité d'un prédicat repose seulement sur l'habitude de son usage, sur sa meilleure « implantation », et pas du tout sur sa plus grande fidélité à l'expérience. Il n'y a donc pas de description naturelle du réel, et le monde objectif que nous cherchons derrière les divergentes versions des mondes n'a « ni genres, ni ordre, ni mouvement, ni repos, ni structure », c'est une matière première dont on ne peut rien prédiquer, puisque toute prédication répond déjà à un choix, au sein d'une description orientée.

Faut-il pour autant faire disparaître toute référence au « réel » ? Certainement pas, car ce serait considérer que nous sommes prisonniers de nos descriptions, que nous n'avons accès qu'à des signes, des symboles, des représentations, mais à rien qui soit naturel et non conceptuel. La critique du « réel » s'apparenterait dès lors à une « déconstruction » débouchant sur un complet « irréalisme », et pas du tout à un constructivisme. Or Goodman défend certes un « irréalisme », mais qui ne tourne pas le dos au réel et consiste plutôt à affirmer, avec scepticisme, que nous ne savons pas ce qu'est la plus grande fidélité au réel d'une description [1]. Par conséquent, nous devons renoncer à considérer le « monde réel » comme un absolu, et le définir dès lors comme *un monde parmi d'autres*. Mais ce point de vue lui-même n'est pas univoque, et suggère deux interprétations, l'une davantage réaliste, l'autre davantage pluraliste. Selon la première, si le monde réel n'est qu'un des mondes, il est néanmoins un monde « standard », auquel on peut rapporter les autres mondes pour mesurer leur scientificité ou leur

---

1. J. Morizot et R. Pouivet, *La Philosophie de Nelson Goodman*, *op. cit.*, p. 138-140.

soutenabilité. En ce sens, le cordonnier a sans doute une vision plus « réaliste » des souliers que Van Gogh, qui ajoute à son objet une interprétation personnelle ; on doit en conclure que le monde du cordonnier s'identifie au « monde réel », ou alors il en est proche, tandis que celui de Van Gogh s'en écarte, et c'est justement l'écart qui rend Van Gogh intéressant, et qui rend ses toiles révélatrices. Malgré tout, cette interprétation « davantage réaliste », qui ne l'est pas complètement puisqu'elle admet la pluralité des mondes, bute sur une double difficulté. Nous avons déjà énoncé la première, c'est une question de *traductibilité* : parler de « monde standard » implique en effet que nous possédons des règles pour rapporter tous les mondes divergents à la norme, et pour mesurer les divergences et les écarts ; il faudrait ainsi affirmer que le monde de Van Gogh déforme, avec un certain coefficient de déformation, le monde du cordonnier. Or Goodman affirme que ces traductions et comparaisons n'existent pas, car les versions sont irréductibles les unes aux autres : Van Gogh n'est pas un cordonnier qui se serait mis ensuite à peindre, ses souliers ne sont pas une variation sur les souliers du cordonnier. Chaque monde possède au contraire ce qui est la caractéristique de tout monde, c'est-à-dire une *indépendance*, une autonomie, et des lois propres.

À cette première difficulté s'ajoute le fait qu'il y a toujours une pluralité de « mondes réels », et que le concept de « réel » est *relatif*. Les hommes, en fonction de la spécialisation qui est la leur, désignent sous le terme de « réel » des représentations internes à la logique de leur spécialité, et par conséquent intraduisibles dans les termes d'une autre spécialité. Goodman en donne des exemples frappants : le physicien juge légitimement que son monde est « réel », puisqu'il prétend produire un discours scientifique sur la nature et en énoncer les lois et le contenu; mais le philosophe phénoménaliste, convaincu que le « monde de la perception » est premier par rapport au « monde des corps », juge tout aussi légitimement, du point de vue de la conscience, que le monde qu'il décrit est fondamental; mieux, chacun de nous, scientifique, phénoménaliste, ou non-spécialiste, dans son comportement le plus quotidien d'homme de la rue, vit et agit dans le monde des objets quotidiens, dans le monde humain institué, qui mérite tout autant que les deux précédents d'être nommé « monde réel ». Les exemples choisis par Goodman sont heuristiques, parce qu'ils nous montrent bien que tous ces « mondes réels » ne se confrontent jamais vraiment les uns aux autres; ainsi, le phénoménaliste est un philosophe, qui n'est pas spécialiste de physique, et qui, en rejetant « le monde des corps » ne rejette pas pour autant le « monde du physicien », tandis que le physicien, lorsqu'il se promène dans la rue, adhère alors au « monde quotidien » et laisse son « monde réel » de scientifique au laboratoire. Chacun pourtant va produire un discours explicatif de la divergence des autres mondes avec *son « monde réel » du moment*, en jugeant au choix que les artistes déforment le monde en fonction de leur sensibilité, les scientifiques en fonction d'enjeux théoriques abstraits, ou les agents de chaque domaine d'activité humaine en fonction de leurs besoins pratiques.

N'y a-t-il pas cependant quelque chose de commun à tous ces « mondes réels » pour qu'on leur applique *correctement* le prédicat « réel »? Car le monde du psychotique se trouve effectivement altéré par son éloignement avec la réalité, preuve qu'il existe bien un

« principe de réalité ». « Le plus souvent », nous dit Goodman, c'est le monde quotidien que nous jugeons « réel ». Avons-nous raison ? Apparemment non, dans la mesure où notre monde de tous les jours est « construit de bric et de broc », c'est le contraire d'une représentation globale qui répondrait à un principe de simplicité et d'économie, et dont nous pourrions tirer une connaissance ordonnée. Je me représente *mon* monde, celui dans lequel je me lève tous les jours et dans lequel j'agis, selon les opinions de mes parents, les préjugés de ma région et de ma culture, selon mes souvenirs de l'école, mes lectures, ou encore ma connaissance de l'actualité. Le monde quotidien est, on le devine, contrariant pour un constructionniste comme Goodman, parce qu'il regroupe des éléments hétéroclites, et produit une interprétation non systématique et confuse du réel. Pourquoi alors ériger ce monde confus en « monde modèle », *norme absolue des autres mondes* ? Pourtant, le manque de rigueur logique qui affecte le monde quotidien n'empêche pas que nous nous y référions « le plus souvent » comme au « monde réel », et cette *habitude* est suffisante pour justifier cet usage privilégié du prédicat « réel ». Goodman est en effet humien : nos croyances, et nos certitudes, sont forgées par l'habitude, de même que nos usages linguistiques. Ce qui fait la valeur d'un prédicat, c'est son « implantation » dans le système logique, c'est-à-dire le résultat des « projections » passées de ce prédicat sur des situations contrefactuelles[1]. « Vert » est ainsi bien implanté parce que nous l'utilisons pour désigner un certain nombre d'apparences présentes

---

1. N. Goodman, *Faits, fictions et prédictions*, *op. cit.*, « Vers une théorie de la projection ».

et à partir de là formuler des hypothèses sur d'autres apparences possibles, « vleu » est au contraire très mal implanté parce qu'il ne correspond pas à notre système des couleurs usuel; quant au prédicat « réel », il réfère usuellement à ce que nous considérons comme relevant de notre quotidien. Ainsi, le primat du « monde quotidien » comme « monde réel » n'est absolument pas théorique, mais seulement *coutumier*, et l'analyse métalogique des conditions d'usage de l'expression « monde réel » nous fait pencher en faveur de la pluralité effective des mondes, réels tout autant que fictifs.

D'ailleurs, y a-t-il même un sens à distinguer « mondes réels » et « mondes fictifs » ? Pour Goodman, « il n'y a pas de mondes fictifs », même si « toute fiction est une contre-vérité littérale, littéraire »[1]. Non seulement les fictions peuvent être « métaphoriquement vraies », comme lorsque Balzac nous présente de manière saisissante le type social du « jeune ambitieux » à travers la figure de Rastignac, mais encore la fiction et la non-fiction « concernent les choses réelles » toutes les deux. Il n'y a donc pas de critère de « réalisme » qui départagerait le monde quotidien d'un monde rempli de fées et de licornes. Goodman mène d'ailleurs une critique sévère contre la notion de « réalisme »[2] : nous en faisons en effet un usage très varié et imprécis, pour désigner aussi bien ce à quoi nous sommes habitués, ce qui nous paraît nouveau et révélateur, ou encore ce qui exclut le fantastique. Or le terme lui-même est trompeur et semble suggérer que certaines fictions représentent

1. N. Goodman, *L'Art en théorie et en action*, *op. cit.*, p. 32-37.
2. *Ibid.*, p. 37-43.

majoritairement des choses qui n'existent pas, tandis
que d'autres fictions représentent surtout des choses qui
existent; mais cette distinction n'est pas rigoureuse car
toute fiction est une image ou une histoire, et elle contient
des éléments imagés ou narrés qui existent bien à ce titre.
L'important pour classer, voire hiérarchiser les mondes,
n'est donc pas leur correspondance au réel, puisque le
réel n'existe pas *derrière* les mondes.

À ce point du raisonnement, nous nous trouvons
cependant une nouvelle fois menacés par le relativisme,
puisque toute version du monde apparaît *acceptable*,
sans possibilité de se référer à une norme ni même de
comparer les mondes entre eux. Le « monde réel » est
un mythe, donc aucun monde n'est plus « réaliste »
qu'un autre, tout monde est « réaliste » puisqu'il est *réel*.
Mieux, les mondes fantaisistes des contes, des mythes
ou de la littérature nous révèlent davantage sur ce que
nous jugeons « réel » que des récits plats et factuels.
Freud estime, on le sait, que le « mythe d'Œdipe » est
indicateur d'une structure psychique latente chez tous les
petits garçons occidentaux. Et comme toute version du
monde « fait monde », chaque monde a ses règles, et on
ne peut traduire un monde dans un autre. Mais Goodman
ne veut pas se laisser prendre dans ce bourbier relativiste,
qui interdit par principe toute évaluation de la vérité des
mondes. Il maintient donc un critère de distinction des
mondes, « entre versions correctes et incorrectes ».

Le passage d'un critère de « vérité » à un critère
de « correction » n'est cependant pas dépourvu de
difficultés. Il n'est plus guère possible de se référer à
la « vérité », du moins conçue comme la « conformité
au réel », si on ne peut isoler un « réel » au-delà des

différentes versions que nous produisons, et si les mondes se trouvent « en conflit » [1]. Car dans un tel conflit entre les mondes, les prétentions à la vérité sont égales et ne peuvent être départagées. Goodman prend plusieurs exemples de couples d'énoncés en opposition l'un avec l'autre : dans l'opposition entre « La Terre est toujours immobile » et « La Terre danse le rôle de Petrouchka », on peut très bien se dire que les deux énoncés sont vrais *relativement* à des mondes différents, dont l'un correspond à la version du monde de Ptolémée, et l'autre à la version du monde de Stravinsky. Dans ce cas, on a basculé de la définition la plus classique de la vérité comme « adéquation au réel » à une autre définition non moins classique, comme « cohérence interne » à un discours. L'énoncé « Ulysse a aveuglé Polyphème » n'est certes pas « vrai » dans notre « monde ordinaire », parce que les Cyclopes n'existent pas et qu'Ulysse n'est pas un personnage historique ; il n'en est pas moins « vrai » dans l'*Odyssée*, puisque conforme au récit d'Homère. Le problème est plus compliqué lorsque deux énoncés s'opposent frontalement, sans relever à première vue de deux mondes différents, comme « La Terre tourne alors que le Soleil reste immobile » contre « La Terre reste immobile alors que le Soleil tourne autour d'elle ». Relativiser ces deux énoncés, ou bien en disant qu'ils appartiennent à deux représentations différentes, ou bien qu'ils relèvent de points de vue différents, paraît insatisfaisant en théorie, car nous avons besoin d'un « cadre de référence ». Qu'est-ce qui nous permet alors de dire qu'un des énoncés est *correct* et que l'autre ne l'est pas ?

1. Voir pour tout ce développement *Manières de faire des mondes*, VII, 1.

Toute la fin de notre texte peut dès lors être lue comme une exploration des différentes solutions pour résoudre le problème de la « correction », et ainsi échapper au relativisme tout en maintenant une position « irréaliste ». Goodman mobilise par trois fois une conception *pragmatiste* de la « vérité », rebaptisée ici « correction », pour montrer combien l'évaluation des mondes est dépendante de ce qu'ils nous *apportent* pratiquement. On pourrait dire grossièrement qu'un monde est « correct » *quand il fabrique quelque chose*. Goodman le montre en trois temps : d'abord, il soutient qu'un monde est admissible lorsqu'il apporte de bonnes solutions à nos desseins ; ensuite, il affirme que, dans le cas particulier de sa philosophie, les divers mondes peuvent être jugés en fonction de leur respect du *projet* « métaphilosophique » de construction ; enfin, il montre plus généralement que la thèse de la pluralité des mondes est *constructive*.

La notion de « correction », si l'on cherche à la définir plus précisément, semble revêtir deux dimensions dans le texte de Goodman : elle englobe à la fois les définitions de la « vérité » comme « cohérence interne » et comme « utilité ». Cohérence interne, tout d'abord, parce qu'une version du monde est insatisfaisante lorsqu'elle comprend, à l'image du monde quotidien que nous jugeons pourtant le plus « réel », une somme de théories hétérogènes et d'éléments hétéroclites. Un monde qui mélangerait les composantes de différentes théories et qui mêlerait les langages ne nous apporterait rien. Voilà pourquoi, selon les exemples du texte, le physicien qui définit ses particules élémentaires n'y inclura ni des « tomates », ni des « tyrans » : ce n'est pas que les éléments ordinaires de la physique, sans parler des « atomes », ne soient pas des éléments largement métaphoriques eux aussi, mais ils sont plus *convenables* pour figurer dans une théorie physique que des objets du quotidien[1]. Ce qui les rend ainsi convenables, c'est d'abord leur bonne « implantation » au sein du langage de la physique, mais c'est aussi leur utilité pour la formulation de nouvelles théories et pour le développement des théories. De même, « le peintre qui voit les choses comme les voit l'homme de la rue aura un succès plus populaire qu'artistique », non seulement parce qu'il inclura confusément dans le monde de la peinture des objets qui relèvent d'un autre monde, mais également parce que ses toiles n'auront aucune créativité et ne produiront aucun nouveau monde pictural, en étant, comme le dit Hegel, « ressemblantes jusqu'à la nausée »[2]. L'exemple ne relève donc pas d'un élitisme critique vis-à-vis de la peinture ou de la musique dites « populaires », mais illustre l'idée qu'il ne faut pas tout mélanger dans les mondes.

On pourrait pourtant objecter à Goodman que lui-même procède à de tels mélanges au sein de son système logique de construction de l'apparence. Ce système est en effet une *méréologie*, c'est-à-dire que les touts y sont des individus comme leurs parties ; en outre, il n'admet pas la naturalité des propriétés, si bien que les individus s'y totalisent arbitrairement en individus ; « l'Océan arctique et un grain de poussière dans le Sahara » ou « le Nez de César et l'État de l'Utah » y sont des individus concrets[3]. La version du monde ainsi produite n'est-elle pas clairement désordonnée et farfelue ? Mais cette objection ne tient justement pas compte de la distinction

---

1. Pensons néanmoins à l'usage de la notion de « corde » dans la « Théorie des cordes ».

2. G. W. F. Hegel, *Esthétique*, Introduction.

3. N. Goodman, *La Structure de l'apparence*, *op. cit.*, p. 60.

très claire que Goodman formule entre les différents mondes philosophiques d'un côté, et le « projet de construction », à valeur métaphilosophique, de l'autre. Le système proposé par Goodman n'a pas pour ambition de produire un nouveau monde, mais seulement d'identifier les versions correctes parmi les mondes existants. Il n'en reste pas moins qu'il s'agit d'un système *orienté*, qui pour Goodman lui-même relève « d'un nominalisme obstiné et déflationniste » : puisque ce système, si on le prend comme un monde, s'écarte démesurément de nos mondes communs, comment peut-il être érigé en critère de distinction des mondes « corrects » et « incorrects » ? N'est-ce pas soumettre la reconnaissance des mondes au caprice du logicien ?

En lisant les dernières remarques du texte, on comprend finalement que la valeur du système métalogique goodmanien ne tient pas tant à son contenu, qui admet délibérément une part d'arbitraire, qu'à sa nature de « projet », de « construction ». Et si ce système amène à reconnaître la pluralité des « mondes corrects », c'est avant tout parce que ces « mondes corrects » sont *constructifs*. La « correction » des mondes dépend ainsi clairement de leur *productivité*. Non seulement la thèse de la pluralité des mondes est fructueuse en elle-même, car elle élargit nos manières de voir, mais elle est aussi préparatoire à la fabrication de nouveaux mondes, appelés à enrichir les horizons humains. Caractéristique de cette pensée est l'interprétation que Goodman propose du changement de vision qui a mené du géocentrisme à l'héliocentrisme : si la deuxième version est plus correcte que la première, c'est sans doute parce qu'elle agence autrement ce que les hommes avaient figé, qu'elle produit de nouvelles représentations, qu'elle refait ce qui avait déjà été fait, qu'elle enrichit le rapport humain au monde. Au critère de « vérité » doit donc succéder un critère d'« ajustement » : les meilleurs mondes sont ceux qui « découvrent et inventent des ajustements de toutes sortes »[1], c'est-à-dire qui viennent se caler aux précédents pour les compléter, les discuter, les préciser. Les activités humaines les plus nobles sont donc, dans cette perspective de fabrication des mondes, les arts et les sciences. Et les mondes ainsi produits rivalisent, mais sans se détruire. La pire métaphysique pour Goodman serait bien sûr de s'enfermer dans la théorie et de se cantonner dogmatiquement à une seule version du monde ; mais même celui qui s'ouvre aux autres mondes n'a rien fait tant qu'il n'a pas commencé à son tour à en *fabriquer*. Le relativisme se trouve dépassé et réfuté par le constructivisme. Goodman assigne aux hommes un rôle *démiurgique*. Reste à savoir si ce pouvoir créatif de multiplier les mondes est de l'ordre du rêve humain ou s'il bouleverse le monde dans son entier. Dans ce dernier cas, les vues de Goodman peuvent mener à *une nouvelle métaphysique*.

1. Voir *Manières de faire des mondes*, VII, 7 et J. Morizot et R. Pouivet, *La Philosophie de Nelson Goodman*, *op. cit.*, p. 143.

TABLE DES MATIÈRES

TEXTES ET COMMENTAIRES

Achevé d'imprimer en juillet 2022
sur les presses de
La Manufacture - Imprimeur – 52200 Langres
Tél. : (33) 325 845 892

N° imprimeur : 220656 - Dépôt légal : octobre 2016

Imprimé en France